Cómo Hablar Con Tus
ÁNGELES Y GUÍAS ESPIRITUALES

Guía Para La Comunicación Con Tus Ángeles Guardianes, Arcángeles, Guías Espirituales Y Cómo Desarrollar Tu Intuición Y Habilidades Psíquicas. Incluye Anexos Sobre Numerología Angelical Y El Arcángel Miguel

Margarita Mística

Una Publicación De
TUS DECRETOS

Edición original en español:
Cómo Hablar Con Tus Ángeles Y Guías Espirituales
Margarita Mística

Primera edición febrero de 2024
Derechos reservados. Ninguna parte de este libro puede ser reproducida o transmitida en cualquier forma o por ningún medio electrónico o mecánico, incluyendo fotocopiado, grabado o por cualquier almacenamiento de información o sistema de recuperación, sin permiso escrito de los autores.

Nota importante de exención de responsabilidad: Este libro es solo para propósitos educativos y de entretenimiento. El autor ha hecho todo lo posible para proporcionar información completa, precisa, actual y confiable, pero no se puede garantizar. El autor no es un experto en asesoramiento legal, financiero, médico o profesional. La información en este libro se ha recopilado de diferentes fuentes, por lo que es importante que consultes a un profesional antes de probar cualquier técnica descrita. Al leer este libro, aceptas que el autor no se hace responsable de ninguna pérdida directa o indirecta que pueda surgir por el uso de la información proporcionada, como errores o inexactitudes.

COPYRIGHT© Jaxbird LLC

Contenido

Introducción 1

1. Quiénes somos y de dónde venimos 5
2. Los llamados del universo 17
   ¿Cómo reconocer que has escuchado la llamada? 20
3. Ángeles y guías y cómo trabajar con ellos 23
   Arcángeles 24
   Maestros ascendidos 30
   Seres queridos fallecidos 31
   Ángeles de la guarda 32
   Ángeles ayudantes..33
   Animales espirituales 33
4. Invocar a los Ángeles 35
   Conectar con Maestros y Guías 50
   Técnicas 57
   La práctica de la oración 69
   Eliminar la negatividad con la ayuda de los ángeles 80

5. Señales y símbolos de nuestro ángeles y guías............ 83
Sincronicidad y coincidencias 89
Sueños y visiones 90
Números 91
Deja Vu 92
Corazonadas E Intuición 94

6. Sanación 97
Canalización Espiritual 116

7. Prácticas espirituales 127
El perdón como herramienta de liberación 127
La gratitud como camino hacia la felicidad 133
La práctica de dar amor 135
Otras prácticas recomendadas 138
Meditación para conectar con tu yo verdadero 139

Anexo 1. Numerología de los ángeles 151
La conexión entre la numerología y los números angélicos ... 153
Decodificación de números angélicos 154
Interpretar los números angélicos con la intuición 155
Números Angélicos en la práctica espiritual 156
El sistema pitagórico y los números en tu Vida 157
Descubriendo números angélicos en el día a día 159
Guía de interpretación de números angélicos 163
Números Maestros: Vibraciones elevadoras 168
Secuencias ascendentes De números angélicos 177
Secuencias descendentes De números angélicos 179
El significado de los números espejo o reflejados 180
Patrones no convencionales 192

Anexo 2. El arcángel Miguel 195

Epílogo 200

Otros libros 203

¿Deseas fortalecer tu conexión con los ángeles? "Pregunta a los Ángeles" es un libro imprescindible que te facilita la comunicación directa con tus guías celestiales, proporcionando respuestas a tus interrogantes mediante la técnica milenaria de la Bibliomancia, adaptada para el lector moderno. Al seguir tu intuición a través de sus páginas, encontrarás mensajes inspiradores. Este libro, más que un objeto, es un compañero espiritual que, con práctica y dedicación, te ayudará a descifrar las metáforas angélicas y profundizar tu vínculo espiritual. Ideal para quienes buscan orientación, "Pregunta a los Ángeles" te espera para revelarte la sabiduría angelical. Inicia tu diálogo celestial hoy mismo.

Introducción

Bienvenido a este maravilloso viaje de descubrimiento y conexión con los seres celestiales que nos acompañan en cada paso de nuestras vidas. Como seres humanos, estamos constantemente rodeados por la presencia amorosa y protectora de nuestros Ángeles Guardianes, Arcángeles y Guías Espirituales. Aunque a veces no seamos conscientes de ello, estos seres divinos están siempre a nuestro lado, guiándonos, protegiéndonos y ayudándonos a navegar por los desafíos y alegrías de la vida.

En este libro, te invito a explorar las diversas formas en que puedes establecer una conexión más profunda y consciente con tus guardianes celestiales. A través de las páginas de este texto, descubrirás que la comunicación con los ángeles no es un privilegio reservado para unos pocos, sino que es un derecho innato de cada ser humano.

Piensa en esas "coincidencias" significativas que has experimentado en tu vida, esos momentos en los que las circunstancias parecen alinearse perfectamente para brindarte exactamente lo que necesitas, incluso cuando menos lo esperas. Quizás hayas pasado por momentos de sufrimiento en el pasado por no haber conseguido algo que creías necesitar en un momento específico, solo para descubrir más tarde que el universo tenía un plan mejor y más perfecto para ti. Todos estos acontecimientos son obra de tus ángeles, que saben cuándo y cómo deben manifestarse las cosas en tu vida para tu mayor bien y crecimiento.

En este libro, exploraremos las numerosas formas en que los ángeles se comunican con nosotros, desde señales sutiles hasta mensajes más directos. Descubrirás que los números tienen un lugar especial en el lenguaje angelical, ya que son el lenguaje fundamental de nuestro universo físico. Aunque el enfoque principal de este libro es la comunicación angelical en general, he incluido un completo anexo sobre la numerología de los ángeles para aquellos que deseen profundizar en este fascinante tema.

Además, encontrarás un anexo dedicado al poderoso Arcángel Miguel, el gran protector y guerrero celestial. Te guiaré a través de una meditación transformadora para invocar su escudo de protección de energía azul, permitiéndote sentir su presencia y beneficiarte de su amor y guía.

A lo largo de este viaje, te animo a mantener una mente y un corazón abiertos a los mensajes que tus guardianes celestiales tienen para ti. Ya sea que los llames "ángeles", "guías", "intuición", "espíritus" o simplemente "Universo", estos seres amorosos están aquí para ayudarte y guiarte en cada paso del camino. Su amor y apoyo son incondicionales, y están esperando pacientemente a que te abras a su presencia y sabiduría.

Así que, te invito a embarcarte en este maravilloso viaje de descubrimiento y conexión. Permite que las palabras de este libro resuenen en tu corazón y te guíen hacia una relación más profunda y enriquecedora con tus Ángeles Guardianes, Arcángeles y Guías Espirituales. Confía en que, a medida que cultivas esta conexión, tu vida se llenará de amor, guía y milagros más allá de lo que puedas imaginar.

Con amor y bendiciones,

Margarita Mística

1. Quiénes somos y de dónde venimos

Dios, o la Fuente, es una existencia eterna, sin principio ni fin, que se expande infinitamente a través de la creación. Aunque resulta complejo para nuestra mente comprender la inmensidad de todo lo que existe, intentaré compartir contigo conocimientos que puedan enriquecer tu paso por este único planeta que denominamos Tierra.

La Tierra se distingue en el universo por su singularidad; no hay otro lugar igual ni personas que sean copias exactas entre sí. Sin embargo, en este rincón del cosmos, donde el amor debería ser el valor supremo, a menudo encontramos que escasea. A pesar de que deseamos el amor y reconocemos su importancia, no siempre actuamos de acuerdo con este principio.

Se percibe una contradicción en la vida: por un lado, el amor es entendido como nuestra esencia verdadera, pero por otro, nos vemos envueltos en una programación que coloca los valores materiales y egoístas por encima del amor. Es como si estuviéramos en una constante lucha interna entre el amor y el deseo de poder, entre actuar con bondad o guiarnos por el egoísmo.

Nuestra presencia aquí, en la Tierra, no es fruto del azar. Nuestra alma ha escogido vivir esta experiencia con el propósito de cultivar más amor, reconociendo que el amor es la esencia del Creador. Al igual que uno fortalece su cuerpo mediante el ejercicio, nuestra alma se fortalece en el amor al enfrentar desafíos en este mundo.

Desde esta perspectiva, la vida se convierte en un viaje de crecimiento y superación. La existencia en otras dimensiones puede ofrecer menos retos, pero para un ser eterno, la monotonía de lo fácil pierde rápidamente su atractivo. La verdadera expansión y enriquecimiento surgen al enfrentar y superar desafíos.

Nuestra alma, de manera consciente, ha aceptado estos desafíos, no solo para superarlos, sino para evolucionar a través de ellos. Pensar lo contrario sería limitarnos. La vida terrenal nos prepara para ser resilientes, valientes, pacientes, responsables y, sobre todo, amorosos y bondadosos. Combinar todas estas cualidades puede resultar abrumador, pero ese es el desafío que nuestra alma ha elegido aceptar.

El objetivo es convertirnos en la mejor versión de nosotros mismos, algo que trasciende el éxito material o el poder. La verdadera satisfacción se encuentra en vivir de acuerdo con nuestra esencia de amor. Independientemente de nuestros logros, si no actuamos con cariño, honestidad y fidelidad a nuestra verdadera naturaleza, no encontraremos la felicidad.

La clave reside en cómo vivimos nuestra vida, no en lo que alcanzamos. Constantemente enfrentaremos al ego, esa programación que nos aleja de nuestro ser divino y nos desafía a ser amorosos. Superar esta programación es esencial para fortalecernos en el amor.

A lo largo de innumerables vidas, las personas persiguen los deseos del ego solo para darse cuenta de su vacuidad. Solo al reconocer que el amor es lo realmente importante, comienza el verdadero viaje de superación del ego y de sus resistencias, un proceso que puede abarcar muchas vidas.

Aunque el camino pueda parecer largo, desde la perspectiva del alma, cada vida es un instante, una oportunidad para vivir intensamente y aprender a valorar el amor por encima de todo.

Vivimos en una especie de sueño en el que el tiempo parece tener un significado, pero en realidad, carece de él. Esto es algo difícil de comprender mientras estemos inmersos en este "sueño", ya que la ilusión de ser un ser humano con un ego, deseos y miedos, parece muy real. Sin embargo, a pesar de las dificultades y la compasión que merecen, nuestra vida humana no es tan real como creemos. Al igual que un sueño, eventualmente "despertaremos" y nos encontraremos de nuevo en un lugar seguro y confortable, sin haber sufrido daño alguno.

Lo que en el sueño denominamos muerte, en realidad, es una continuación de la vida desde una perspectiva más liberada. De cierta manera, seguimos siendo nosotros mismos, pero libres del dolor y las emociones negativas que experimentábamos como seres humanos. Recordamos lo que era ser humano, pero nos sentimos mucho más libres y ligeros, listos para enfrentar nuevamente los desafíos de la existencia humana.

Esta narrativa puede sonar a cuento de hadas, y en cierto modo, la experiencia humana se asemeja a uno: el héroe o la heroína se enfrenta a la reina malvada o al dragón y supera estos retos con amor y acciones justas, demostrando valor, perseverancia, paciencia, esperanza y fortaleza.

Estas historias se nos cuentan desde niños porque encierran verdades sobre el amor y el coraje, elementos que están inscritos en nuestro ADN como vías de escape de las adversidades. Nuestra alma ha escogido un desafío difícil y posee la fuerza interior necesaria para vencer al dragón del ego. Se nos ha dotado tanto del reto como de la capacidad interior para superarlo. Este tema se explora más a fondo en otro de mis libros titulado "Una Vida Heroica".

Venimos de Dios y a Él regresaremos, un trayecto que se extiende en el tiempo. Dios despliega fragmentos de sí mismo, almas, para que exploren y continúen el acto de crear. ¡Qué extraordinaria es esta existencia! Somos una manifestación de Dios y al mismo tiempo, creaciones suyas. Al residir Dios en nosotros, nos convertimos en sus manos, pies, ojos y oídos. Somos simultáneamente exploradores y creadores, ¡y qué actividad puede ser más gratificante!

Somos más que una simple imagen de Dios; somos una parte de Él, un destello divino en constante comunicación con su totalidad. Tú y toda la creación sois divinos. No obstante, existen rincones en la creación donde Dios opta por perderse temporalmente para experimentar desde otra perspectiva. La Tierra es uno de esos lugares. Dios ha implantado en nuestro ADN una programación que permite experimentar la vida en este planeta desde una perspectiva única, además de vivir una separación de la Fuente y, hasta cierto punto, del amor, gracias a la existencia del ego.

La experiencia humana en la Tierra representa uno de los desafíos más significativos para Dios, lo cual la convierte en una oportunidad poderosamente transformadora y enriquecedora. Los mayores desafíos ofrecen el mayor potencial de crecimiento y evolución del alma. Seguramente te identificas con esto: las experiencias más arduas son, sin duda, las que más te han marcado y transformado. Aunque no todos aprenden y crecen a partir de cada experiencia como se espera, siempre existe el potencial para la transformación y el aprendizaje de lecciones únicas.

La compasión, por ejemplo, solo se aprende a través de experiencias específicas, poniéndote en el lugar del otro. Así, muchas de tus vidas en la Tierra tienen este propósito: vivir ciertas experiencias para entender y compadecerte de quienes las han vivido. Esta compasión es el cimiento del amor. La compasión te abre hacia los demás.

El amor verdadero requiere de un corazón compasivo, algo que se desarrolla a lo largo de muchas vidas. La ausencia de compasión puede llevar al daño hacia otros, mientras que la compasión dificulta la posibilidad de herir. La regla de oro encapsula este principio: trata a los demás como te gustaría ser tratado y evita hacer a los demás lo que no quisieras para ti.

En ocasiones, necesitarás experimentar ciertas acciones para comprender por qué no deben realizarse. Muchas de las lecciones en tus primeras vidas giran en torno a las consecuencias negativas de tus actos, disuadiéndote de repetir ciertos comportamientos. Estas consecuencias pueden manifestarse de diversas formas, tales como el encarcelamiento, la pérdida de amor y respeto, el rechazo o incluso represalias. Es así como se aprende a amar: actuando sin amor y enfrentando las dolorosas consecuencias de tales actos, lo que conduce a la reflexión y a la toma de mejores decisiones en el futuro.

Actuar de manera amorosa es fundamental, ya que lo contrario resulta en sufrimiento, ya sea inmediato o en vidas futuras, donde el karma ofrece lecciones necesarias de amor.

Se nos ha dotado de una brújula moral que nos orienta hacia el amor. Es imprescindible prestar atención a esta guía, pues de lo contrario, no cumplirá su función. Seguir esta brújula moral implica sentirse mal al actuar contra el amor, lo que conlleva a consecuencias negativas tanto personales como externas. Aunque la sociedad no castigue directamente, ignorar nuestra brújula moral resulta en una contracción inmediata y desagradable de nuestro estado de conciencia.

Aunque un pequeño porcentaje de personas parece ignorar su brújula moral, en realidad, todos la poseemos. Es uno de los medios mediante los cuales Dios asegura que recordemos nuestra esencia divina, incluso cuando optamos por vivir como seres humanos. En este sentido, el sufrimiento es un regalo, una parte esencial de la vida que nos mantiene conectados al amor.

Se ha establecido un mecanismo para prevenir que la esencia divina quede permanentemente confinada en la creación, olvidándose de su naturaleza divina: existen seres de ayuda, tanto de otras dimensiones como de la tercera dimensión, cuya misión es recordarnos quiénes somos realmente y mostrarnos el camino de regreso al amor. Además del karma y nuestra brújula moral, contamos con asistentes, tanto encarnados en la Tierra como en dimensiones superiores, que nos brindan mensajes, ánimo, perspectivas y otros recursos necesarios para nuestro desarrollo y avance hacia el amor.

Estos colaboradores se presentan en distintas formas: seres iluminados que se encarnan para enseñar y elevar a la humanidad; ángeles, que nunca han tomado forma humana en la tercera dimensión; y guías y Maestros Ascendidos, que han superado las pruebas de la tercera dimensión y eligen seguir prestando su servicio. En este texto, nos centraremos en estos últimos.

También existen otros seres, como los pleyadianos y distintas razas extraterrestres, algunos de los cuales tienen una conexión profunda con la humanidad y nos tienen un gran afecto. Aunque también hay entidades que interfieren ocasionalmente en los asuntos humanos sin aportar mayor beneficio.

El Creador ha establecido una jerarquía de cuidado y desarrollo propio a medida que evoluciona a través de la creación, basada en el servicio y no en el poder. Los seres más evolucionados espiritualmente ofrecen su ayuda por amor, sin buscar nada a cambio, excepto la satisfacción de amar y servir a la creación, lo que a su vez favorece la evolución de su propia alma. De esta manera, los más avanzados asisten a los menos avanzados, promoviendo el aprendizaje y la evolución de todos en el amor.

Lo mismo se aplica a los seres humanos: los más avanzados espiritualmente siempre están al servicio de los menos avanzados, elevando su conciencia hacia estados más elevados, como sucede en otras dimensiones.

Como mencioné antes, todos provenimos de la divinidad y a ella retornaremos. Este reencuentro no marca el fin de la vida, sino la culminación de la misión de nuestra alma de enriquecer lo divino. Una vez completado su viaje, el alma experimenta una unión con la divinidad, distinta a cualquier estado previo al inicio de su viaje. Las palabras son insuficientes para describir esta unión.

Cuando el alma se separó de lo divino, mantenía su esencia divina, al igual que una chispa de fuego sigue siendo fuego aunque se separe de la llama. Nuestra esencia siempre ha pertenecido a la divinidad, aunque el alma se haya separado para vivir experiencias únicas que enriquecen tanto a la divinidad como al alma misma. Todo lo vivido y aprendido también expande al Creador en comprensión y amor, manteniendo siempre una conexión íntima con la divinidad, pues esta habita en nosotros a lo largo de nuestro viaje.

Sin embargo, el alma puede necesitar experimentar una separación aún mayor en ciertos momentos, aunque no todas las almas elijan este camino. Los ángeles, por ejemplo, optan por permanecer más cerca de lo divino. Aquellos que deciden alejarse más se convierten en lo que denominamos "ángeles caídos". La mayoría de los ángeles, movidos por la curiosidad y el deseo de evolucionar y servir de manera diferente, pueden elegir esta separación, marcando un momento decisivo en su evolución.

Una vez que el alma se aleja de lo divino, es libre de tomar una infinidad de decisiones que conducen a experiencias únicas, siendo este el propósito de su separación. Todas las decisiones son válidas y respetadas. El libre albedrío es característico no solo de la vida humana en la tercera dimensión, sino también de todos los seres sensibles, incluyendo animales y plantas, que actúan según su voluntad y poseen conciencia de su existencia.

La existencia, en sus múltiples manifestaciones, está dotada de una programación que sienta las bases para una vida específica, dotándola, al mismo tiempo, de libre albedrío. Aunque pueda parecer que algunas formas de vida no gozan de esta libertad, hasta las plantas disfrutan de un cierto grado de elección, y es evidente en la personalidad y decisiones únicas de nuestras mascotas, que van más allá de su programación innata.

El libre albedrío juega un papel crucial en el diseño divino. La capacidad de dotar a las creaciones de un propósito y, al mismo tiempo, de libre albedrío, permite a la Divinidad vivir experiencias que de otro modo no serían posibles. Esta programación nos hace únicos, ocultando nuestra verdadera procedencia y esencia, mientras que el libre albedrío nos abre a decisiones que van más allá de las preferencias divinas. Sin esta programación, lo único que existiría sería el amor, limitando así la gama de experiencias. Con ella, se abren infinitas posibilidades, todas valiosas para el Creador.

Para comprender esta elección divina, es esencial conectar con esa parte de nosotros que se deleita ante los retos, lo inesperado, y el deseo de vivir experiencias, crecer y aprender. Esto refleja nuestra esencia divina, nuestro ser auténtico, que se fascina por la exploración y la variedad de la vida.

Este amor por la aventura y lo desconocido es lo que nos hace disfrutar tanto de películas y libros, permitiéndonos vivir vicariamente experiencias que de otra manera nos serían ajenas. De esta manera, la Divinidad experimenta a través de nosotros, expandiéndose sin ser afectada por las vivencias.

A pesar de que pueda sonar insensible, esta perspectiva solo es difícil de asumir desde nuestra percepción humana. Al final de nuestra vida, como actores que se despojan de su disfraz, podremos observar nuestras vivencias desde una visión más amplia y verdadera, la del alma. Entonces, valoraremos profundamente las oportunidades de aprendizaje, crecimiento, amor y creación que esta existencia nos ha brindado.

La combinación de programación y libre albedrío nos brinda una experiencia única e irrepetible, distinta a cualquier otra. Nuestra individualidad es un motivo de celebración para la Divinidad. Anhelar ser otra persona o desear su vida es un ejercicio fútil que drena nuestra energía vital. Estos deseos, nacidos del ego, nos privan de la felicidad y la posibilidad de amarnos a nosotros mismos y a los demás en nuestra singularidad.

Apreciar nuestra propia individualidad es una lección fundamental de amor. La vida que llevamos, con sus particularidades y desafíos, es un reflejo de las decisiones del alma, diseñadas para enriquecernos de maneras que solo viviendo como nosotros mismos podemos experimentar. ¿Has reflexionado sobre las intenciones de tu alma al elegir esta vida, este ser, con sus dones y carencias?

Nuestras circunstancias fueron diseñadas por nuestras almas con intenciones específicas, y nuestro trabajo es alinearnos con esas intenciones para vivir la vida que nuestras almas quisieron para nosotros. El propósito de este libro es ayudarte a hacer precisamente eso. La única razón por la que es importante aprender sobre los ángeles, los Maestros Ascendidos y los guías es porque este conocimiento podría ayudarnos a alinearnos con la ayuda que se nos está ofreciendo desde otras dimensiones para vivir nuestra mejor vida, lo cual es el deseo de esa energía de vida creadora, llámese UNIVERSO, TODO INFINITO, DIOS, LUZ ETERNA o cómo quieras que la llames e identifiques y que resuene dentro de ti.

2. Los llamados del universo

Muchas personas conciben el universo como la inmensidad del espacio, un reino sin fronteras que acoge planetas, estrellas y toda forma de vida conocida y por descubrir. Sin embargo, el universo encierra mucho más. Como seres humanos, formar parte del universo implica ser una porción de él. Si tú y yo somos parte del universo, entonces compartimos una esencia o, al menos, provenimos del mismo origen. Nos originamos de una fuente común y estamos compuestos por la misma energía.

Dado que somos capaces de experimentar emociones y vivir experiencias, muchos sostienen que el universo se descubre a sí mismo a través de nosotros, los humanos. Esta noción puede ser abrumadora y compleja, especialmente si es nueva para ti. Requiere un tiempo para ser completamente asimilada. Es una de esas ideas que, aunque puedas entenderla ahora, te ofrecerá momentos de revelación futuros en los que su significado resonará contigo de forma profunda.

Al comenzar a comprender y sentir este concepto, te das cuenta de una verdad más profunda: el universo conspira a tu favor. Después de todo, el universo eres tú, y tú eres el universo. Por lo tanto, es natural que desees triunfar en tus empeños y vivir las experiencias que anhelas.

La humanidad ha existido por eones, evolucionando rápidamente en un lapso relativamente breve, especialmente si consideramos la edad milenaria del universo y los misterios de su origen.

A lo largo de nuestra existencia, tal y como la entendemos, hemos acumulado historias, mitos y leyendas que narran nuestra antigua conexión con la Tierra y el ámbito espiritual. Hemos venerado el cielo, reflexionado sobre las maravillas del mundo y abrazado creencias profundas que aún influyen en nuestra vida diaria.

Quien haya explorado textos religiosos como el "Tao Te Ching" entenderá la fuerza de estos antiguos pensamientos.

Estas enseñanzas y filosofías solo existen porque fuimos capaces de vivir en armonía con el universo. Existía paz y equilibrio en nuestras acciones y decisiones, viviendo en consonancia con la naturaleza, tomando solo lo necesario y mostrando respeto por fuerzas mayores.

Pero es indiscutible que nos hemos distanciado de esa forma de vivir. Hoy, nos rodeamos de creaciones humanas, desde la arquitectura hasta la cultura, considerándonos el pináculo de la creación.

Sin embargo, el deseo de regresar a un estilo de vida más equilibrado, pacífico y espiritual es palpable. Este giro hacia lo material se ha gestado durante milenios, y revertirlo no es tarea fácil.

Es prácticamente imposible retroceder a una era sin dinero o tecnología en nuestra existencia terrenal. El avance es inexorable. Pero esto no significa que no podamos cambiar nuestro modo de vivir y pensar. Para ello, es esencial abrirse a la voz del universo.

El hecho de que estés explorando estas ideas indica que has vivido alguna experiencia, quizás un presentimiento o una epifanía que te ha marcado, dejándote con interrogantes sobre su origen.

Posiblemente, un susurro interior te impulsó a buscar respuestas, llevándote a este punto de reflexión. Tu experiencia podría haber sido transformadora, cambiando tu perspectiva de manera irreversible. Ahora, sin elección, te encuentras en este camino de descubrimiento.

Quizás te hayas percatado de que ciertos números se repiten en tu vida, desde el número de un autobús hasta secuencias idénticas en números de teléfono o en la hora exacta que observas repetidamente. No importa a dónde vayas, esos números parecen seguirte incansablemente.

Sin importar lo que te haya motivado a iniciar este camino, lo relevante es que ahora te encuentras aquí, y eso es lo que realmente cuenta.

Pero surge la pregunta: ¿Cómo puedes discernir si el universo te está enviando señales?

En un próximo capítulo, exploraremos las señales a las que debemos prestar atención, indicadores que, una vez identificados, nos permiten confirmar que el universo realmente se está manifestando ante nosotros. Estoy convencida de que este es un proceso que todos los seres humanos experimentan en algún momento, cuando las condiciones son las adecuadas y las estrellas se alinean, pero depende de cada uno estar abierto a escuchar esa llamada.

Seguramente conozcas a personas que han sentido el impulso de hacer algo nuevo, cambiar o evolucionar de alguna manera, pero han optado por ignorar esa voz, ya sea intencionalmente o por descuido. Es entonces cuando se encuentran atrapadas en la inmovilidad durante años, o se vuelven personas amargadas. Tal vez tengan otra oportunidad de escuchar esa llamada, pero no hay garantías.

A pesar del cariño que puedas tenerles, dentro de ti existe una convicción profunda que te permite discernir quiénes han atendido a su llamado interior y quiénes, habiendo visto las señales, no han respondido. Así que, una vez más, ¿cómo puedes estar seguro de haber atendido al tuyo?

¿Cómo reconocer que has escuchado la llamada?

Aunque detectar las señales puede ser un buen indicador de que el universo nos está llamando, existen otras señales claras que nos ayudan a confirmar lo que hemos percibido, indicándonos que ha llegado el momento de actuar. Si nuestra vida transcurre día a día entre dificultades y frustraciones, es señal de que no estamos viviendo lo que podríamos llamar "nuestra mejor vida".

Nos encontramos en un estado de tolerancia. Quizás tengamos un trabajo que detestamos, una situación económica que nos frustra o convivimos con alguien que preferiríamos no tener en nuestra vida. Sentimos que no tenemos otra opción. Nuestra vida es así y, por ende, soportamos nuestras circunstancias. A menudo, la mayoría de las personas ni siquiera se da cuenta de que vive de esta manera. Simplemente se han habituado a su zona de confort.

Escuchar la llamada es experimentar un cambio interno. Un cambio. Una nueva manera de pensar. Muchos describen sentir como si se abriera una puerta en su interior, presentándose nuevas oportunidades. Este inicio puede ser sutil o contundente. ¿Has despertado alguna vez sintiéndote diferente? ¿Como si una nueva ola de motivación y enfoque te invadiera? ¿Has encontrado soluciones de manera repentina a problemas que te aquejaban?

Estos son los mensajes del universo. Sin embargo, es aquí donde muchos no avanzan. Lo he experimentado. Lo has experimentado. Ya sea una llamada universal o un incremento en la energía vibratoria, muchas personas creen (o al menos desearían) que esto es suficiente para generar un cambio. Pero no lo es. La fuerza cósmica que lo gobierna todo no opera de esa manera. Si fuera tan sencillo, argumentarían algunos.

Un cambio de enfoque o un aumento en la energía vibratoria, una convocatoria interna desde la fuente de poder universal, por sí solo no cambia nada. Eso depende de nosotros. Escuchar la llamada es una cosa; prestar atención al mensaje y actuar, es otra. Es un proceso paso a paso.

3. Ángeles y guías y cómo trabajar con ellos

Los ángeles, lejos de ser meros mensajeros, cumplen un rol vital como sanadores. Imagínalos como los glóbulos blancos y rojos en tu cuerpo, combatiendo infecciones y distribuyendo nutrientes esenciales. De manera similar, el "cuerpo" de la Divinidad no podría operar eficazmente sin ellos. Son indispensables en todos los aspectos de la vida, extendiéndose más allá del plano físico a todas las dimensiones existentes.

A diferencia de los guías espirituales, que mantienen relaciones prolongadas con los individuos, los ángeles se mueven libremente por el cosmos, asistiendo donde se les necesita y luego continuando hacia otras misiones. Su labor trasciende las dimensiones y, aunque en ocasiones interactúan con nosotros para brindar mensajes y sanación, su trabajo abarca mucho más.

Los ángeles difieren de los guías espirituales y los Maestros Ascendidos en su enfoque. Mientras estos últimos están íntimamente conectados con la Tierra y sus habitantes, los ángeles facilitan la transición entre la vida y la muerte, ayudando a las almas a moverse entre la tercera y cuarta dimensión.

Estos guías espirituales pueden presentarse en cualquier momento o acompañarnos constantemente. Algunos serán presencias nuevas, mientras que otros han existido desde antes de nuestro nacimiento. Algunos aparecerán y desaparecerán según nuestra necesidad. Es más, mediante el uso de nuestra voluntad y consciencia, podemos invocar la presencia de un guía espiritual cuando lo consideremos necesario.

Los guías espirituales se clasifican en una o varias de las siguientes seis categorías:

Arcángeles

Los arcángeles son ángeles líderes, distinguidos por su inmensa energía y poder. Si eres empático, notarás un cambio en la energía o en tu estado de ánimo al entrar un arcángel en la estancia, marcando un cambio en el ambiente.

Cada arcángel tiene una forma y función específica, dedicados a distintos propósitos. Por ejemplo, el Arcángel Rafael es el encargado de la sanación, capaz de asistir a un número ilimitado de personas simultáneamente en diversas maneras, tanto en acciones significativas como en pequeños gestos.

La cantidad de arcángeles varía entre siete y quince, dependiendo de la fuente y el nivel de detalle que se desee explorar. Además, sus nombres en español e inglés suelen tener variaciones según el traductor, lo que produce ciertas confusiones que suelen conllevar creer que se trata de más ángeles cuando en realidad se está es repitiendo un nombre con algún error tipográfico o de traducción; por ejemplo, Sándalo también se encuentra como Saldalphon y Zandalfón, siendo todos el mismo ángel . Los quince arcángeles más reconocidos incluyen:

Ariel

Ariel, cuyo nombre significa "León de Dios", es el arcángel de la naturaleza y los animales. Invócalo cuando busques protección y sanación para el mundo natural. Ariel responde a llamados relacionados con la preservación del medio ambiente, la conexión con los animales y la armonización con los ritmos de la Tierra. Si eres un amante de la naturaleza o te preocupan profundamente los asuntos ecológicos, Ariel será un poderoso aliado en tu camino.

Azrael

Azrael, conocido como el "Ángel de la Muerte", es el arcángel del consuelo y la transición. Invócalo en momentos de pérdida y duelo, cuando necesites encontrar paz y aceptación. Azrael responde a llamados de aquellos que están atravesando el proceso de despedir a un ser querido, ofreciendo serenidad y fortaleza. También puedes pedirle que guíe a las almas de los difuntos hacia la luz y que consuele a quienes se quedan en el plano terrenal.

Chamuel

Chamuel, el "Ángel del Amor", es el arcángel de las relaciones y la compasión. Invócalo cuando desees atraer amor a tu vida, sanar heridas emocionales o mejorar tus relaciones existentes. Chamuel responde a llamados de aquellos que buscan encontrar su alma gemela, fortalecer lazos familiares o cultivar el amor propio. Su energía promueve la empatía, el perdón y la armonía en todas las interacciones.

Gabriel

Gabriel, el "Mensajero de Dios", es el arcángel de la comunicación y la claridad. Invócalo cuando necesites recibir mensajes divinos, tomar decisiones importantes o expresarte con autenticidad. Gabriel responde a llamados de aquellos que buscan orientación, inspiración creativa o ayuda para superar los miedos que les impiden hablar su verdad. También es el protector de las mujeres embarazadas y los niños.

Haniel

Haniel, cuyo nombre significa "Gloria de Dios", es el arcángel de la gracia y la intuición. Invócalo cuando desees conectarte con tu sabiduría interior, desarrollar tus dones psíquicos o encontrar la belleza en todas las cosas. Haniel responde a llamados de aquellos que buscan cultivar su intuición, vivir con más gracia y fluidez, y apreciar los milagros cotidianos de la vida.

Jeremiel

Jeremiel, el "Ángel de las Visiones Proféticas", es el arcángel de la introspección y el crecimiento personal. Invócalo cuando necesites revisar tu vida, comprender tus sueños o visiones, o realizar cambios positivos. Jeremiel responde a llamados de aquellos que buscan claridad sobre su propósito, motivación para mejorar o ayuda para interpretar mensajes simbólicos.

Jofiel

Jofiel, el "Ángel de la Belleza", es el arcángel de la creatividad y la organización. Invócalo cuando desees expresar tu creatividad, llevar orden y armonía a tu vida, o embellecer tu entorno. Jofiel responde a llamados de artistas, diseñadores y cualquiera que busque infundir más belleza en su día a día. También puede ayudarte a limpiar el desorden mental y físico para crear espacios sagrados.

Metatrón

Metatrón, el "Príncipe de la Presencia", es el arcángel de la ascensión y la transmutación. Invócalo cuando estés en un camino de crecimiento espiritual, buscando elevar tu conciencia o trabajando con energías sutiles. Metatrón responde a llamados de aquellos que desean profundizar en los misterios de la existencia, comprender conceptos metafísicos o transmutarse a niveles superiores del ser. Es especialmente afín a los niños con sensibilidades especiales.

Miguel

Miguel, el "Príncipe de los Arcángeles", es el arcángel de la protección, la verdad y la fe. Invócalo cuando te enfrentes a desafíos, miedos o influencias negativas. Miguel responde a llamados de aquellos que necesitan coraje, fuerza y protección en todas las áreas de la vida. Es un poderoso guerrero espiritual que puede cortar los lazos con el miedo, la duda y la negatividad, permitiéndote vivir en tu verdad y luz. Su energía es como una brillante espada de fuego azul que disuelve todo lo que no sirve a tu bien mayor.

Al final de este libro, encontrarás una sección especial dedicada a Miguel, nuestro arcángel favorito, donde compartiremos más sobre su presencia y te guiaremos en una profunda meditación de su círculo de protección. Una vez que experimentes el inmenso poder y amor de Miguel, estamos seguros de que también se convertirá en tu arcángel favorito.

Raguel

Raguel, el "Amigo de Dios", es el arcángel de la justicia y la armonía. Invócalo cuando te enfrentes a conflictos, disputas o injusticias, buscando resoluciones pacíficas y equitativas. Raguel responde a llamados de aquellos que desean restaurar el equilibrio en sus relaciones, encontrar compromisos y vivir con integridad. Su energía promueve la diplomacia, la cooperación y el entendimiento mutuo.

Rafael

Rafael, el "Sanador de Dios", es el arcángel de la curación y la recuperación. Invócalo cuando tú o un ser querido necesite sanación física, emocional, mental o espiritual. Rafael responde a llamados de aquellos que buscan alivio del dolor, liberación de adicciones o patrones autodestructivos, y restauración del bienestar holístico. Su energía es suave y nutritiva, llevando consuelo allí donde hay sufrimiento.

Raziel

Raziel, el "Guardián de los Secretos", es el arcángel del conocimiento divino y la magia. Invócalo cuando estés listo para profundizar en los misterios del universo, acceder a registros akáshicos o trabajar con la alquimia y la manifestación. Raziel responde a llamados de estudiantes, buscadores espirituales y cualquiera que desee desbloquear los secretos de su alma y del cosmos. Su sabiduría es vasta y transformadora.

Uriel

Uriel, la "Luz de Dios", es el arcángel de la sabiduría y la epifanía. Invócalo cuando busques iluminación, claridad mental o soluciones innovadoras a problemas. Uriel responde a llamados de aquellos que desean expandir su conciencia, recibir transmisiones divinas o tomar decisiones alineadas con su verdad superior. Su energía es electrizante y reveladora, disipando sombras y encendiendo el fuego interno del conocimiento.

Zadkiel

Zadkiel, el "Ángel de la Misericordia", es el arcángel del perdón y la transmutación. Invócalo cuando estés listo para soltar resentimientos, sanar heridas del pasado o transformar patrones negativos. Zadkiel responde a llamados de aquellos que buscan la compasión hacia sí mismos y los demás, la liberación de culpas y la alquimia del sufrimiento en sabiduría. Su energía es como un bálsamo violeta que disuelve bloqueos y restaura la paz interior.

Maestros ascendidos

Los Maestros Ascendidos constituyen guías espirituales de elevada jerarquía. Son entidades que en su momento fueron humanas pero lograron trascender gracias a llevar vidas de profunda espiritualidad. Entre ellos, se encuentran figuras como Buda y la Virgen María, considerados líderes espirituales de gran poder.

Según las tradiciones y el conocimiento popular, todos los Maestros Ascendidos son guías espirituales que colaboran armónicamente, más allá de las diferencias religiosas o culturales, con el fin de transmitir los mensajes del cosmos a aquellos que están preparados para recibirlos.

Para conectarnos con los maestros ascendidos, podemos recurrir a un ejercicio simple pero efectivo: reflexionar y cuestionarnos "¿qué haría ___ ante esta circunstancia?"

Así de fácil, no es necesario esforzarse por obtener una respuesta inmediata; lo clave es confiar en nuestra intuición y estar atentos a las señales. Este enfoque nos permite dialogar con una amplia gama de personalidades, ya sea Buda, Jesús, Einstein, o Neville Goddard, planteando la cuestión: "¿Qué haría (el Maestro que deseas consultar) ante mi situación?" Esta metodología abre un canal de comunicación directo con la esencia y el conocimiento de estos seres, permitiéndonos recibir orientación y perspectivas valiosas que reflejan su sabiduría y experiencia.

Seres queridos fallecidos

Una de las manifestaciones más habituales de guías espirituales son aquellos seres queridos que han fallecido, pues tienen un vínculo más personal con nosotros y son más fáciles de reconocer. Estos guías deciden por voluntad propia cuándo y cómo ofrecernos su orientación, pudiendo ser personas que conocimos en nuestra vida o ancestros de generaciones pasadas.

En realidad, cualquier individuo, haya sido o no un ser querido o alguien conocido, puede asumir el rol de guía espiritual. Por ejemplo, si te dedicas a la música, es posible que músicos que han pasado a otro plano se comuniquen contigo para brindarte su guía en el momento preciso, conectando contigo a través del arte y compartiendo una misma frecuencia vibratoria.

Para establecer conexión con aquellos seres amados que ya no están físicamente entre nosotros, una técnica efectiva es la práctica de la oración antes de sumergirnos en el sueño. Al dedicar un momento para pedir por ellos y solicitar su guía, abrimos un canal a través del cual nuestros sueños pueden convertirse en vehículos de mensajes y señales. De esta manera, facilitamos que nuestros seres queridos trascendidos intervengan desde su existencia en otra dimensión, proyectándose hacia nuestro mundo tangible.

Ángeles de la guarda

En el siguiente capítulo, ahondaré sobre cómo comunicarte con tus ángeles. Los ángeles de la guarda son únicos en su especie. Actúan como guías espirituales dedicados exclusivamente a ti, sin compartirse con otros, y es posible contar con más de uno. Se trata de entidades espirituales, vibraciones o formas de energía universal cuyo propósito es brindarte apoyo.

Su misión trasciende el tiempo y el espacio, estando siempre disponibles para ayudarte cuando lo necesites. Son seres de energía que te ofrecen amor incondicional, eternamente, a través de cada situación, buena o mala.

Ángeles ayudantes

Podríamos considerar a los ángeles ayudantes como "ángeles independientes". Estos ángeles asisten a los seres vivos y al flujo de la energía cósmica, transmitiendo mensajes por voluntad propia. Eligen a quiénes ayudar y pueden presentarse o ser invocados en situaciones específicas donde su apoyo sea beneficioso.

A menudo, los ángeles ayudantes se manifiestan en momentos serenos, tal vez durante un sueño para ofrecerte dirección, en meditación, o como un pensamiento o idea espontánea.

Animales espirituales

Los animales espirituales son seres de gran interés. Comúnmente, se presentan bajo la forma de una mascota que hayas tenido, debido a los fuertes vínculos emocionales y físicos que los humanos establecen con ellos. Estos vínculos son fundamentales tanto para el bienestar emocional como para la supervivencia física.

No obstante, los animales espirituales pueden tomar cualquier forma que deseen o la que tú prefieras al invocarlos. La mayoría de las personas tienen un animal espiritual con el que se identifican exclusivamente. Para invocar a tu animal espiritual, basta con conectar con imágenes o sensaciones de tu animal favorito. Estos pueden aparecer en cualquier lugar y momento, ya sea como una idea, en la televisión, en tu jardín, en la calle, en una camiseta o en una conversación. Mantén tus sentidos alerta.

Con este capítulo concluimos una introducción a los tipos más comunes de guías espirituales y cómo el universo puede comunicarse contigo. Ahora es momento de reflexionar sobre cómo estos guías pueden estar presentes en tu vida, ya sea de manera natural, recordando encuentros pasados o deseando invocarlos de forma consciente. En el siguiente capítulo, profundizaremos más en cómo buscar y conectarte con estos guías en tu día a día.

4. Invocar a los Ángeles

Invocar a los ángeles es accesible para todos, respondiendo a nuestras plegarias a través de la orientación adecuada más que interviniendo directamente. Actúan reuniendo a los guías y asistentes más apropiados para nuestra situación, funcionando como verdaderos mensajeros de nuestras solicitudes.

Aunque es común referirse a los guías espirituales como "ángeles" o "ángeles de la guarda", es importante distinguir que el acompañamiento diario no es tarea principal de los ángeles. Los guías y Maestros Ascendidos, habiendo experimentado la vida humana, están mejor equipados para comprender y guiar nuestras experiencias terrenales.

Los ángeles, como los glóbulos rojos en nuestro cuerpo, fluyen a través de las dimensiones, facilitando la comunicación divina. Son esenciales para el funcionamiento y la salud del cuerpo divino, con almas dedicadas asumiendo este rol según sea necesario, similar a cómo nuestro cuerpo produce glóbulos según la necesidad.

Comprender la esencia de los ángeles es un reto, dado que son muy diferentes a nosotros, aunque compartimos una naturaleza divina. Nuestra experiencia humana limita nuestra capacidad de comprender plenamente su existencia. Sin embargo, al trascender el plano físico, nuestra percepción de la Divinidad y de los ángeles se enriquece, acercándonos a una verdadera apreciación de su magnificencia.

Actualmente, nos encontramos en una experiencia humana, sujetos a las limitaciones que esto conlleva. Sin embargo, seguimos siendo capaces de recibir mensajes de nuestra alma a través de la intuición y nuestros guías espirituales, lo que nos ayuda a aliviar nuestro sufrimiento y fomenta nuestra evolución. Estos guías nos ofrecen intuiciones, nos impulsan hacia ciertas direcciones, nos presentan a personas que pueden asistirnos, nos proporcionan la información necesaria, organizan situaciones propicias para nuestro crecimiento y motivan a otros a ofrecernos ayuda y oportunidades.

Nuestros guías están siempre a nuestro lado, cuidando de nosotros y velando por nuestros intereses. Nos conocen profundamente, ya que muchos han compartido con nosotros a lo largo de diversas vidas, y su dedicación hacia nuestro crecimiento es casi exclusiva. Así se nos demuestra amor, proporcionándonos exactamente lo que necesitamos en cada momento.

Los ángeles, por su parte, interactúan con nosotros de una manera distinta. Aunque la mayoría de las personas pueden no tener un vínculo prolongado con un ángel en particular, algunos psíquicos y sanadores establecen conexiones más constantes y directas debido a la naturaleza de su trabajo. Los ángeles transmiten mensajes y colaboran con sanadores, en especial aquellos enfocados en la energía, ya que dirigir la energía curativa hacia la humanidad es una de sus formas de servicio. Los sanadores con percepción psíquica a menudo perciben la presencia de ángeles durante su trabajo y reciben mensajes angelicales relacionados con la sanación.

La forma en que los ángeles se presentan ante nosotros está condicionada por nuestras expectativas culturales; aunque en realidad, carecen de forma física y son pura energía. Sin embargo, adoptan apariencias que podemos reconocer y relacionar con ángeles, reforzando así nuestras creencias sobre su aspecto. Originalmente, la representación de alas en los ángeles simbolizaba su capacidad para moverse rápidamente y actuar como mensajeros. En esencia, si pudiésemos ver a los ángeles en su verdadera forma, los percibiríamos como intensas luces, aunque su energía tendría que ser atenuada para que pudiésemos soportarla.

Además de actuar como mensajeros divinos y protectores contra las fuerzas corruptoras, los ángeles también llevan curación donde se necesita, manteniendo el equilibrio entre el amor y su ausencia en la creación. A través de su intervención, buscan restablecer el equilibrio y guiar de vuelta hacia el amor a aquellos que se han desviado. Este proceso puede ser largo, ya que cada individuo tiene la libertad de rechazar el camino hacia el amor, pero eventualmente, bajo la guía paciente y amorosa de los ángeles, todos eligen volver a él.

Existe la creencia errónea de que el amor es una debilidad y que el poder y el odio son fortalezas. Algunos han llegado a negar la existencia del amor, considerándolo un concepto sin valor. Esta es la medida de su alejamiento del amor, desconociendo las verdaderas recompensas que este ofrece.

Recuperar la fe en el amor puede ser un trayecto lento y, en ocasiones, doloroso. Admitir errores puede resultar humillante, pero el descubrimiento de que es posible deshacerse de creencias perjudiciales para abrazar una existencia más alegre y plena es, sin duda, una excelente noticia.

Existen entidades espirituales que, sin haber experimentado la vida humana, se encuentran sumidas en la oscuridad. Para ellas, el camino hacia la sanación implica a menudo adentrarse en el ciclo de la reencarnación, ya sea en la Tierra o en otros lugares, donde el aprendizaje sobre el amor se hace esencial. Antes de emprender tal desafío, sus almas necesitan pasar por un proceso de curación.

Estas almas son llevadas a una suerte de sanatorio espiritual donde se les brinda todo lo necesario para superar sus creencias erróneas y las heridas autoinfligidas o causadas a otros. Una vez listas, reencarnan en situaciones que propician el amor.

Este proceso de cuidado también se aplica a los seres humanos que, tras una vida marcada por el odio o la violencia, han fallecido. Se asegura que nadie sea reencarnado sin antes recibir la sanación adecuada, garantizando así que no se repitan los mismos errores. Se les provee de todo lo necesario para vivir una existencia más feliz y amorosa en la próxima vida, y, generalmente, se observa un gran progreso de una vida a otra, con los ángeles jugando un papel crucial en este proceso de sanación.

Aunque los ángeles pueden no comprender completamente la experiencia humana, sí conocen a Dios y es esta conexión divina lo que ofrecen a aquellos en necesidad de sanación. Su método no consiste en palabras, sino en una transmisión de amor, infundiendo la Luz y el Amor del Creador en aquellos a quienes cuidan.

Los ángeles, poderosas entidades de luz, difunden su amor y luz a todo aquel con quien se encuentran, estando presentes en momentos de nacimiento, fallecimiento y otras transiciones significativas, donde se necesita profundamente el Amor y la Luz del Creador. También intervienen en situaciones extremas que ponen en peligro la vida, como accidentes y catástrofes, para influir en el resultado, ya sea ayudando a aquellos que están por cruzar al otro lado o salvando a quienes aún no deben partir.

Las experiencias de quienes han sobrevivido gracias a la intervención angelical no son meras ilusiones, sino realidades. Los milagros suceden y, en situaciones límite, los ángeles pueden actuar de manera milagrosa.

En especial, los ángeles se hacen visibles ante los moribundos para brindarles consuelo, paz, y ayudarles a aceptar su partida, mostrándoles lo que les espera y reconfortándolos con la presencia de seres queridos. El mensaje que transmiten es de tranquilidad, asegurando que se dirigen hacia un lugar de amor.

Tras el fallecimiento, la labor de los ángeles continúa, asistiendo junto a guías espirituales en el proceso de sanación del alma en el más allá. Este período incluye la revisión de la vida vivida, durante la cual se esclarecen malentendidos y se revelan verdades ocultas. Los ángeles juegan un papel fundamental en este proceso, facilitando la adaptación al más allá y asegurando que el alma sane y comprenda plenamente su experiencia vivida. Una vez que el alma está lista para avanzar, la misión de los ángeles se considera cumplida.

El rol sanador de los ángeles consiste en transmitir la energía divina, esa fuerza de amor puro e incondicional que ofrece curación en niveles inimaginablemente profundos, más allá de cualquier razonamiento o comprensión intelectual. A diferencia de los guías, que curan mediante el entendimiento, los ángeles lo hacen a través de la energía del amor.

Este amor es de una naturaleza completamente distinta a cualquier forma de afecto que hayamos experimentado como seres humanos. Es un amor incondicional, mucho más puro y profundo, que aunque diluido en nuestra experiencia terrenal, nos es familiar en algún nivel, especialmente entre nuestras vidas. Cada vez que hemos estado en ese estado intermedio, hemos sentido ese amor, recordándolo y reconociendo su verdad. Los ángeles nos acercan a nuestra esencia divina y a Dios al permitirnos experimentar este amor, lo cual por sí mismo ya es un acto de sanación.

Cualquiera puede invocar a los ángeles para recibir curación, ya sea por iniciativa propia, a través de sanadores o en nombre de otros. Los ángeles se complacen en responder a estas solicitudes, colaborando con otros seres que puedan aportar una ayuda específica que ellos mismos no pueden ofrecer. Además, junto con nuestros guías espirituales, los ángeles pueden orquestar situaciones en nuestras vidas que nos lleven hacia la sanación, como presentarnos a personas que posean las respuestas o la visión necesaria para avanzar en nuestro camino de recuperación.

La sanación es un proceso que demanda tiempo y paciencia. Al invocar la asistencia de ángeles y guías para la curación, iniciamos una cadena de eventos que facilitan este proceso. Sin embargo, la curación va más allá de la simple oración.

Tras pedir por la sanación, es crucial que cooperemos y apoyemos este proceso. Nuestro desarrollo espiritual y emocional, que a menudo subyace a la necesidad de sanar, exige de nosotros un esfuerzo y compromiso activos para seguir las intuiciones e inspiraciones recibidas de nuestros guías espirituales. Es posible que se nos guíe a colaborar con ciertos sanadores para liberarnos de cargas emocionales que obstruyen nuestro crecimiento espiritual. La sanación emocional es fundamental, ya que es uno de los principales obstáculos para quienes buscan avanzar espiritualmente y para cualquier persona que aspire a una vida plena.

Es importante reconocer que todos, en algún grado, necesitamos sanación, especialmente debido a condicionamientos y creencias limitantes adquiridos en la infancia. Aunque los padres hagan su mejor esfuerzo, las conclusiones erróneas que sacamos de niños pueden impactar profundamente en nuestra visión de nosotros mismos y del mundo.

La oración es una herramienta poderosa para la sanación, no solo porque convoca a entidades espirituales en nuestra ayuda, sino porque nos abre a una relación con Dios que es, en sí misma, sanadora. Muchas heridas de la infancia derivan de relaciones difíciles con los padres, lo que puede distorsionar nuestra percepción de Dios. Sanar estas heridas es esencial para poder disfrutar de una existencia plena y satisfactoria y contribuir a una sociedad más saludable y feliz.

La oración nos permite sanar nuestra conexión con Dios, siempre que estemos listos para abrirnos a esa relación. Es fundamental dejar atrás cualquier concepción simplista que podamos tener acerca de Dios. Este no es un ser ni una persona y, definitivamente, no actúa con juicio o castigo, como algunas creencias han sugerido. Al hablar de Dios, me refiero a la esencia detrás de toda creación, impulsada por un amor que trasciende el concepto humano, inalcanzable en su totalidad mientras vivimos en un cuerpo físico.

Dios encarna todo lo que encontramos bueno y admirable en la humanidad, amplificado sin límites. Dios es la belleza, la creatividad, la paz, la sabiduría y la inteligencia en su máxima expresión. Es la energía que anima cada creación dentro del vasto e inimaginable cuerpo divino. Dios es sinónimo de bondad y amor, y asumir esta verdad en nuestro interior es un camino hacia la sanación. Al reconocernos a nosotros mismos como amor, nos encontramos en un proceso de curación profunda.

Establecer una relación con Dios significa vincularnos con algo más grande que nosotros mismos, que es pura bondad y desea lo mejor para nosotros. Abrirnos a esta conexión es afirmar nuestra confianza en la bondad de la vida, deseando alinearnos con todo lo que es positivo. Este es uno de los pasos fundamentales en nuestro camino hacia la sanación.

Nuestros guías espirituales y los Maestros Ascendidos actúan como mensajeros de Dios, ofreciéndonos una vía más directa para conectar con la divinidad y con el amor y generosidad del universo.

La confianza en la bondad fundamental de la vida es crucial para alcanzar una existencia feliz y plena. La desconfianza, por otro lado, nos lleva a vivir de manera limitada, guiados por el ego, lo cual nos aleja de nuestra mejor versión de vida.

Una infancia complicada puede sembrar semillas de desconfianza en la vida, en nosotros mismos y en los demás, creando un estado de temor constante. Este miedo nos mantiene atrapados en una mentalidad primitiva y bajo la influencia del ego, lo cual es perjudicial de muchas maneras.

El ego, hablándonos a través de nuestros pensamientos, es fuente de sufrimiento, conflictos y violencia. Creer que esta voz interna representa nuestra verdadera esencia es un error que nos lleva a despreciarnos a nosotros mismos.

Entonces, ¿cómo podemos transitar de la desconfianza a la confianza plena en la vida, de la negatividad a la positividad? Este viaje de sanación es único para cada persona, pero todos aquellos en este camino comparten una disposición a descubrirse a sí mismos, aprender y crecer. Al mostrarnos abiertos al crecimiento, nuestra alma nos presentará las herramientas necesarias para evolucionar: maestros, sanadores, libros, seminarios y oportunidades. Nuestra tarea es aceptar lo que resuene con nosotros y avanzar con decisión.

Discernir entre lo que debemos acoger o rechazar no es tan complicado como podría parecer, ya que en realidad, conocemos lo que verdaderamente debemos hacer. Lo percibimos porque nos invade una sensación de entusiasmo, curiosidad y vitalidad - un sí rotundo y un sentimiento de felicidad - cuando hallamos aquello que nos beneficia o al pensarlo. Del mismo modo, experimentamos lo contrario: un no, una merma de energía y alegría, frente a las opciones que no nos corresponden.

Estas sensaciones son las maneras en que nuestra alma y nuestros guías espirituales se comunican con nosotros, algo con lo que todos estamos familiarizados. Sin embargo, atender a estas intuiciones y señales es otro asunto, ya que la mente egoísta, o esa voz interior, buscará excusas para evitar hacer algo, sin importar de qué se trate.

La función de la mente racional es analizar - elaborar listas de ventajas e inconvenientes, por ejemplo, lo cual puede resultar muy útil - mientras que el papel de la mente egoísta es tomar decisiones. Estas decisiones, ¿de dónde surgen? ¿Cuál es el fundamento para decidir? Comúnmente, la mente egoísta evalúa las situaciones basándose en sus propios valores: ¿Resultará costoso? ¿Es seguro? ¿Requerirá un gran esfuerzo? ¿Será cómodo? ¿Me enriquecerá o incrementará mi popularidad? ¿Qué pensarán los demás? Decide emprender o no una acción basándose en la conveniencia, el confort, la facilidad y el beneficio personal.

Estos no son criterios adecuados para aquellos interesados en el crecimiento personal, el cual no es conveniente, cómodo ni fácil, y frecuentemente demanda un compromiso significativo de dinero, esfuerzo y tiempo. El ego no valora el crecimiento, por lo tanto, las actividades que lo promueven no son prioritarias para él, si es que llegan a considerarse.

Si te interesa crecer, es porque tu alma y tu verdadero ser anhelan el crecimiento y desean evolucionar a pesar de las resistencias del ego. El camino espiritual implica superar al ego, y uno de los actos más relevantes para lograrlo es enfocarse en la sanación emocional, ante la cual el ego se opondrá constantemente, proporcionando múltiples razones, desde su perspectiva, para eludir el crecimiento. La voz interior no es de ayuda en el camino espiritual, ya que obstaculiza vivir plenamente, y siempre ha sido un impedimento para alcanzar una vida plena.

En las siguientes páginas, se profundizará sobre la sanación. Por el momento, me gustaría detallar cómo los ángeles pueden asistirte en la sanación de tus heridas y problemas emocionales. Primero, es necesario invocar a los ángeles para que te brinden su ayuda, puesto que requieren de tu llamado. Tus guías siempre están listos para apoyarte en cualquier desafío que enfrentes, y los ángeles dependen de tus guías para llevar a cabo esta labor, a menos que tú o tus guías los convoquen también.

Tanto los guías como tú pueden invocar a los ángeles para limpiar energías y entidades negativas. Expliquemos a qué nos referimos con "energías y entidades negativas". Las energías negativas son simples de entender. Si una persona permanece en un estado negativo durante un tiempo, se generan a su alrededor formas de pensamiento negativas, creando un campo energético negativo, una vibración negativa. A menos que se contrarresten con pensamientos positivos, estas formas de pensamiento negativas se acumularán y fortalecerán. Lo mismo sucede con los pensamientos positivos: se agrupan alrededor de alguien, formando un escudo contra las energías negativas.

La vibración de una persona es el resultado de los pensamientos positivos y negativos acumulados a su alrededor en un momento dado. Tu vibración no es fija, cambia constantemente según tus pensamientos. Por ello, incluso alguien generalmente positivo puede ser sobrepasado por la negatividad si se sumerge en pensamientos negativos por demasiado tiempo. Alcanzar un estado positivo requiere, en parte, mantener pensamientos positivos, o al menos evitar los negativos, mientras que caer en un estado negativo resulta de enfocarse en pensamientos negativos.

Los pensamientos y sentimientos que recibimos de otros y de los medios también influyen en nuestra vibración. Si absorbes muchas ideas y emociones negativas de tu entorno o de los medios, tu vibración disminuirá, aunque esos pensamientos y sentimientos no sean propios. Así, tu vibración no es enteramente tuya, sino que está afectada por todo y todos a tu alrededor.

Es crucial, especialmente si buscas sanarte a ti mismo, ayudar a otros o contribuir a la sanación del planeta, que mantengas tu vibración alta y te enfoques en ser positivo lo máximo posible. Nuestra vibración influye en quienes nos rodean, impactándolos de manera significativa. Sin duda, muchos estamos contribuyendo a la sanación y elevación de otros, a menudo sin siquiera darnos cuenta, al emitir una vibración superior a la media. En contraparte, existen personas cuya negatividad puede resultar tóxica, provocando que otros opten por evitarlas o, peor aún, se sumerjan junto a ellas en la miseria. Emitir negatividad conduce a una vida llena de tropiezos, donde uno puede sentirse víctima de las circunstancias, sin reconocer que son sus propios pensamientos y emociones negativas los que perpetúan esta realidad.

No obstante, existe esperanza y soluciones para cambiar esta dinámica, tema que abordaré con más detalle en el capítulo siguiente. Algunas personas, sin embargo, se hunden tan profundamente en la negatividad que les resulta difícil salir por sí solas, perpetuando un ciclo de daño hacia ellos mismos y hacia los demás. En estos casos, el uso de medicamentos puede ser beneficioso para romper este ciclo y ayudarles a adoptar una perspectiva más positiva, acompañado de otras intervenciones.

Esta espiral descendente de negatividad a menudo atrae a entidades no físicas de baja vibración, que se sienten atraídas por y pueden influir en las personas que resuenan en estas frecuencias. Entre estas entidades, encontramos a espíritus humanos desencarnados que buscan interacción con los vivos de maneras inapropiadas, ya sea para satisfacer adicciones, por venganza o simplemente para manipular. Pero más allá de estos, existen entidades más problemáticas, a las que me referiré como "entes negativos", seres que nunca han encarnado como humanos y que han perdido la creencia en el amor, existiendo en un estado de negación y desesperanza.

Estos entes se esfuerzan por descender la vibración humana a su nivel, estableciendo una jerarquía de poder basada en el sufrimiento humano. Su objetivo último parece ser llevar a los humanos al punto de desesperación total. Operan desde el miedo, temiendo a entidades más poderosas que les han engañado sobre la naturaleza del universo, creyendo erróneamente que la Luz representa la disolución de su ser.

Sin embargo, cuando los ángeles intervienen, algunas de estas entidades, especialmente las menos poderosas, optan por seguir hacia la Luz, descubriendo que la realidad es muy distinta a lo que temían. Muchos seres de luz que colaboran en este proceso de limpieza alguna vez fueron almas perdidas.

Estas entidades negativas tienen la capacidad de intensificar la negatividad ya existente en las personas, aprovechándose de las mentes egoístas y temerosas. Cuando las personas se dejan dominar por estos pensamientos negativos y su vibración disminuye significativamente, estos entes encuentran la oportunidad de influir aún más, introduciendo pensamientos destructivos.

Muchos de nosotros hemos atravesado momentos de profunda tristeza, culpabilidad, ira o emociones negativas intensas. En esos periodos donde los pensamientos se tornan oscuros o desesperanzados, hay fuerzas negativas actuando en la sombra. Aquellas personas cuyas acciones nos parecen inconcebibles, como los actos de violencia extrema, están influenciadas por estas entidades negativas, alejadas del amor y la compasión.

Los ángeles desempeñan un papel crucial al alejar estas influencias de nosotros y conducirlas hacia la luz. Su labor consiste en infundir el amor y la luz del Creador en nuestras heridas emocionales, sanando así los vacíos que permitieron la adherencia de estas entidades. Nuestros campos energéticos, a veces marcados por traumas y heridas, son restaurados por los ángeles, quienes deshacen los nudos emocionales, expulsan las entidades y rellenan los vacíos con luz.

Esta intervención angélica es accesible simplemente pidiéndola. Sin embargo, para mantener el equilibrio y la sanación, es fundamental trabajar en nuestros patrones de pensamiento y emociones. La eliminación de entidades negativas por parte de los ángeles es un proceso sencillo, pero requiere de nuestra iniciativa para pedir ayuda. Conocer la existencia de estas entidades y cómo manejarlas es el primer paso hacia la liberación de su influencia, permitiéndonos vivir libres de los pensamientos negativos que siembran en nuestra mente. No hay razón para temerlas;

al comprenderlas, adquirimos el poder para apartarlas y protegernos de su impacto.

Conectar con Maestros y Guías

"Guía" se refiere a aquellos seres dedicados a orientar la evolución de un alma dentro de un sistema de reencarnación, un ámbito que han superado adquiriendo profundos conocimientos y comprensión. Ser guía implica un arte que va más allá de simplemente completar el ciclo de reencarnaciones, requiriendo una extensa formación y práctica bajo la tutela de guías más experimentados. Existen guías maestros, encargados de formar a nuevos guías, y otros con diferentes grados de experiencia.

Es común que las personas tengan de tres a cinco guías colaborando con ellas en simultáneo. Uno de estos guías te acompaña durante toda tu vida, conociéndote profundamente, y es probable que haya estado contigo en vidas pasadas. Los demás pueden variar según lo que requieras en diferentes momentos. Al enfrentar grandes cambios, iniciar nuevos estudios o cambiar de carrera, es posible que algunos guías sean reemplazados.

Los guías especializados en ciertas áreas, como profesiones, talentos o misiones de vida, se presentan cuando son necesarios y se retiran una vez que su presencia ya no es requerida. Algunas personas establecen acuerdos previos con guías específicos para cumplir con tareas determinadas, como escribir un libro, crear arte o llevar a cabo sanaciones.

La cantidad de guías que una persona puede tener se relaciona directamente con su influencia en el mundo. Por ejemplo, un líder político contaría con numerosos guías debido al impacto de sus decisiones. Sin embargo, la efectividad de estos guías depende de la apertura y receptividad de la persona. Es crucial, entonces, que aquellos en posiciones de poder sean individuos de buen carácter, conectados con sus guías, a diferencia de quienes solo se guían por su ego, lo cual representa un riesgo.

Tus guías se comunican contigo principalmente a través de la intuición, impulsos internos, alegría, sensaciones de certeza o duda, y mediante otras personas. Aunque estas señales pueden parecer sutiles, son efectivas incluso para las almas menos avanzadas, que las siguen sin plena conciencia. Reconocer estas señales puede acelerar tu evolución espiritual.

Los Maestros Ascendidos, en cambio, son aquellos que han transcendido el ciclo de reencarnación y han alcanzado un nivel aún más elevado, actuando como maestros y guías para la humanidad en su conjunto. A diferencia de los guías personales, los Maestros Ascendidos supervisan asuntos terrenales a gran escala, participando en un diseño más amplio para el bienestar humano.

Mientras los guías personales nos ayudan a cumplir con nuestro propósito de vida y nuestras lecciones, los Maestros Ascendidos trabajan en un plano más amplio, aunque en ocasiones pueden guiar a individuos cuyas misiones de vida tienen un impacto directo en la evolución humana, como aquellos enfocados en la paz mundial, la elevación de la conciencia o la enseñanza de principios espirituales.

Es importante destacar que los Maestros Ascendidos están disponibles para todos aquellos que los busquen, capaces de realizar incontables tareas simultáneamente y de estar presentes en cualquier lugar al instante.

Invocar a los Maestros Ascendidos en lugar de a los guías es una práctica que se puede realizar por diversas razones, entre ellas la curación y la protección contra la negatividad. Los Maestros Ascendidos, en colaboración con ángeles y guías, ofrecen su apoyo a quienes los solicitan, ayudando a alinear con el yo divino y fomentando el crecimiento y la evolución personal. Se nos recuerda que la ayuda de seres en dimensiones superiores está siempre disponible, pero al pedirla expresamente, nos abrimos a recibirla de manera más plena y frecuente. La comunicación con nuestros guías y los Maestros Ascendidos es señal de una disposición hacia lo que se está solicitando, mientras que la independencia nos deja afrontar nuestras experiencias sin su intervención, respetando nuestro libre albedrío.

La asistencia puede manifestarse de varias maneras, incluyendo la energía curativa, la eliminación de negatividades, la sanación emocional, el incremento de la conciencia, y la inspiración para avanzar en distintos aspectos de la vida. Además, los guías y Maestros Ascendidos a menudo motivan a otros a ofrecernos su ayuda, actuando estas personas como instrumentos de su voluntad.

Establecer una conexión con los guías y Maestros Ascendidos no requiere de métodos complejos; basta con solicitarlo con sinceridad. Esta sinceridad puede nacer del sufrimiento o de la simple intención de buscar ayuda. Mantener una conexión diaria y solicitar su intervención puede transformar profundamente nuestra experiencia vital, contrarrestando la sensación de aislamiento y temor propios del ego.

La construcción de esta conexión se basa en el reconocimiento y la petición regular de su presencia activa en nuestras vidas. La fuerza de esta relación depende de nuestro deseo de interactuar con ellos y de que tomen un papel más activo en nuestro desarrollo. Al invitarlos a participar más en nuestra vida, se produce un cambio significativo en nuestra percepción del mundo y en nuestra propia existencia. Abrirnos a ellos es el primer paso para fortalecer nuestra relación espiritual, marcando así un avance en nuestro camino espiritual.

La frecuencia con la que buscamos conscientemente esta conexión es un indicativo de nuestra sinceridad y compromiso con nuestro crecimiento espiritual. Aunque no existe un protocolo estricto para establecer contacto, la clave radica en la sinceridad de nuestra intención.

Para comenzar, quiero recalcar que no es imprescindible nombrar específicamente a tus guías espirituales o a los Maestros Ascendidos para recibir su asistencia; ellos saben cómo apoyarte de la mejor manera. A pesar de que a muchos les agrada identificar y conectarse con entidades específicas, y está bien solicitar su ayuda si así lo deseas, es crucial entender que la conexión personal con un ser particular no es fundamental para tu evolución espiritual. Nosotros, que estamos en planos superiores, estamos siempre dispuestos y capacitados para ayudarte, cambiando roles y funciones según lo requieras. Si buscas forjar un vínculo especial con alguno de nosotros, se facilitará, pero siempre habrá varios seres colaborando contigo, listos para asistirte.

Además, no es necesario que sepas exactamente qué necesitas sanar para recibir curación. Simplemente pide sanación, y se te proporcionará en el momento adecuado. A menudo, se piensa que hay que ser específico al solicitar ayuda; sin embargo, es completamente válido pedir sanación para lo que sea necesario en ese instante. Esto puede incluir o no cuestiones particulares de las cuales eres consciente. Lo importante es no esperar a reconocer una necesidad específica para solicitar ayuda; pide regularmente la sanación que más necesites para acelerar tu proceso de curación y crecimiento personal.

En tercer lugar, además de solicitar sanación general, es beneficioso pedir asistencia para elevar tu conciencia. Durante el día, solicita una infusión de energía superior para mejorar tu vibración. Podemos enviarte energías que transformen tu percepción, pero es fundamental que estés abierto a recibirlas y que te tomes un momento para integrarlas, ya sea deteniéndote brevemente en silencio o dedicando tiempo a la meditación. Demuestra tu compromiso y sinceridad al esforzarte por trascender el ego y estar en un estado de receptividad.

Solicitar nuestra ayuda es el primer paso para cambiar tu nivel de conciencia. Luego, apoya esta petición con acciones concretas, como afirmaciones positivas, oraciones elevadoras, respiraciones profundas, expresiones de gratitud, sonrisas o actos de bondad hacia otros. Hablarte a ti mismo de manera positiva y amorosa, así como reenfocar tus experiencias desde una perspectiva más optimista, son prácticas que elevan tu vibración. Al vernos incluidos en tus esfuerzos por sanarte y mejorar tu vibración, tus acciones serán aún más efectivas.

El método para conectarte con nosotros es simple: establece la intención de hacerlo, háblanos, solicita lo que desees de manera general o específica, y luego toma los pasos necesarios para sanarte y elevar tu vibración. Estamos aquí para asistirte en este proceso de sanación y crecimiento.

En cuanto a lograr mayor abundancia, éxito o relaciones amorosas, nuestro apoyo tiene límites, ya que el cumplimiento de estos deseos depende tanto de tus esfuerzos como de lo que sea más apropiado para el desarrollo de tu alma. La paciencia es clave; lo que deseas puede interferir con otros aspectos de tu vida que están destinados a evolucionar.

Deja que tus guías orquesten el desarrollo de tu vida. Ellos te presentarán las oportunidades y personas necesarias para tus lecciones de vida y propósito. Confía en este proceso. A veces, las limitaciones actuales son precisamente lo que necesitas para avanzar.

Confía en el curso de tu vida. Existe sabiduría en las experiencias que vives. Como he mencionado antes, estás viviendo la experiencia correcta, y ver tus vivencias desde esta perspectiva es clave para evitar el sufrimiento. Siempre estás vigilado, guiado, amado y apoyado.

Recuerda esto y no dudes en conectarte con otros seres de dimensiones superiores a lo largo del día. Tómate un momento para saludar y agradecer por la ayuda proporcionada, demostrando tu apertura y disposición para recibir cualquier sanación, amor, comprensión y guía disponibles para ti.

Las instrucciones son realmente sencillas. Cualquier persona con un corazón sincero puede conectarse con sus guías espirituales simplemente manifestando su deseo de hacerlo. Además, es posible recibir todo lo que necesitas en términos de sanación, elevación, inspiración y entendimiento con solo pedirlo. Es probable que no obtengas todo lo que tu ego desea, a menos que sea beneficioso para tu crecimiento espiritual, pero indudablemente recibirás aquello que tu alma anhela y necesita.

La guía de ángeles en cada instante es un obsequio divino maravilloso que se nos ha brindado, acompañado del don del libre albedrío. Estos seres luminosos han estado con nosotros incluso antes de nacer, y juntos hemos delineado aspectos cruciales de nuestra existencia, incluida nuestra Misión de Vida.

Estos seres alados desempeñan múltiples roles en nuestras vidas, y sería un desperdicio no comunicarnos con ellos, pues nos estaríamos privando de incontables beneficios, bendiciones y apoyo para aliviar el aprendizaje vital y así hallar la paz.

Técnicas

Numerosas fuentes destacan la meditación como un medio poderoso para establecer comunicación con tus ángeles, reconociéndola como una práctica efectiva de introspección que brinda respuestas claras. Sin embargo, en este apartado, deseo presentarte otras vías de conexión angelical que, probablemente, no hallarás en otros textos

Escribe una carta a tu ángel

La escritura es una poderosa herramienta para conectar con nuestros ángeles y guías espirituales. Al redactar una carta, no solo estamos expresando nuestros pensamientos y emociones, sino que también estamos involucrando nuestros sentidos físicos en el proceso. El acto de escribir implica el uso de nuestra mente para formular las palabras, nuestros ojos para ver lo que estamos plasmando en el papel, y nuestro tacto al sostener el bolígrafo y sentir la textura de la hoja. Esta combinación de elementos crea un puente tangible entre nosotros y el reino espiritual.

Para comenzar, busca un espacio tranquilo donde puedas estar a solas con tus pensamientos. Toma una hoja de papel y un bolígrafo, y comienza tu carta con las palabras "Querido Ángel de la guarda..." o "Amado Ángel...". Deja que tus sentimientos fluyan libremente mientras compartes todo lo que deseas expresar. Puedes hablar de tus alegrías, tus preocupaciones, tus sueños y tus desafíos. No hay necesidad de censurarte o limitar tus palabras, ya que tu ángel te ama incondicionalmente y está aquí para apoyarte en todos los aspectos de tu vida.

A medida que escribes, formula las preguntas o dudas que tengas. Puedes pedir guía, claridad o simplemente un signo de que tu ángel está contigo. Recuerda que no estás haciendo demandas, sino más bien abriendo un diálogo amoroso y confiando en que recibirás las respuestas que necesitas. Tras escribir tus preguntas, tómate un momento para cerrar los ojos y anotar cualquier palabra, sentimiento o emoción que intuitivamente recibas. Estas impresiones sutiles son mensajes de tu ángel y pueden proporcionarte valiosa información.

Una vez que hayas terminado tu carta, léela en voz alta con un tono suave y amistoso, como si estuvieras hablando directamente con tu ángel guardián. Al escuchar tu propia voz, estás fortaleciendo tu conexión y enviando tus intenciones al universo de una manera más poderosa.

Después de leer tu carta, puedes doblarla y colocarla bajo tu almohada antes de dormir. El sueño es un estado receptivo en el que estamos más abiertos a la guía espiritual. Al tener tu carta cerca durante la noche, estás invitando a tu ángel a comunicarse contigo a través de sueños, intuiciones o sincronicidades.

Otra opción es crear un altar o un espacio sagrado donde puedas dejar tu carta. Este puede ser un rincón especial en tu hogar donde tengas objetos que te inspiren o te hagan sentir en paz, como velas, cristales o imágenes significativas. Al dejar tu carta en este lugar, estás señalando tu intención de recibir guía y estás creando un punto focal para tu conexión angelical.

Confía en que tu ángel guardián escucha tus palabras y responde a tu llamado. Mantén tus ojos y tu corazón abiertos a las señales y sincronicidades que se presenten en tu vida diaria. Puede ser una canción que escuchas en la radio, un libro que llama tu atención, o una conversación inesperada con un extraño. Tu ángel utiliza muchas formas creativas para comunicarse y guiarte en tu camino.

Recuerda que la escritura de cartas es un proceso íntimo y sagrado. No hay una manera correcta o incorrecta de hacerlo. Confía en tu propia sabiduría interna y permite que tu conexión con tu ángel se profundice a través de esta práctica. Con el tiempo, descubrirás que la comunicación fluye con mayor facilidad y que la presencia amorosa de tu ángel se vuelve cada vez más palpable en tu vida.

Oráculo de ángeles

Los oráculos son métodos antiguos y efectivos para comunicarte con tus Ángeles, ofreciendo mensajes claros y llenos de amor sobre diversos temas. Hoy día es fácil conseguir uno, y las cartas resuenan con la energía de tus interrogantes, asegurando una guía precisa en tu consulta. Invita a tus Ángeles a dirigirte hacia el oráculo más adecuado para ti, todos vienen con instrucciones para su uso.

Sumergirse en el fascinante mundo de la comunicación con los seres celestiales puede resultar una experiencia transformadora y enriquecedora. Los tarots y oráculos se erigen como herramientas poderosas para establecer un vínculo profundo con el reino angelical, permitiéndonos acceder a su infinita sabiduría y guía divina.

Los tarots angelicales, en particular, se presentan como un portal hacia la comprensión de las verdades más recónditas de nuestra existencia. Estos mazos, especialmente diseñados para facilitar la conexión con los Ángeles, están imbuidos de un simbolismo evocador y mensajes inspiradores. Cada carta es una invitación a sumergirnos en la energía celestial y descubrir el propósito único de cada Ángel en nuestro camino.

Para adentrarse en este proceso de descubrimiento, es fundamental crear un ambiente propicio, un santuario de tranquilidad y receptividad. Al barajar las cartas con reverencia, invocamos la presencia angelical, solicitando su guía en cada paso. La selección intuitiva de las cartas nos permite sintonizar con los mensajes que los Ángeles desean transmitirnos, revelando verdades ocultas y brindando claridad en momentos de incertidumbre.

La interpretación de los tarots angelicales se convierte en un arte sutil, donde la intuición se entrelaza con el conocimiento de los símbolos y las asociaciones de cada carta. A través de la contemplación de las imágenes y la reflexión sobre su significado en el contexto de nuestra pregunta, podemos desentrañar los mensajes celestiales que iluminan nuestro sendero.

Por otro lado, los oráculos nos invitan a sumergirnos en un universo de sincronicidades e intervención divina. Al formular una pregunta específica y seleccionar un símbolo al azar, abrimos la puerta a la sabiduría angelical que se manifiesta en patrones y coincidencias significativas. La interpretación de estos símbolos, basada tanto en su significado tradicional como en nuestra propia intuición, nos permite tejer una red de conexiones profundas con el reino celestial.

Para aquellos que deseen profundizar en este cautivante viaje de descubrimiento, me permito recomendar con gran entusiasmo el Tarot de Tus Ángeles, de TusDecretos.com. Este excepcional mazo se distingue por su completa y poderosa conexión con el reino angelical, brindando una experiencia de lectura intuitiva y reveladora. Su facilidad de uso y la profundidad de sus mensajes lo convierten en una herramienta invaluable para aquellos que buscan fortalecer su vínculo con los Ángeles y acceder a su guía amorosa. Puedes encontrar este magnífico tarot en https://www.thegamecrafter.com/designers/tus-decretos, donde estoy seguro de que te sumergirás en un mundo de inspiración y crecimiento personal que llenará de felicidad tanto a ti como a tus seres queridos.

Sin sonar pretenciosos, los tarots y oráculos nos brindan una oportunidad extraordinaria para establecer una comunicación directa y profunda con el reino angelical. A través de la exploración de los símbolos, la intuición y la apertura a los mensajes divinos, podemos acceder a una fuente inagotable de sabiduría y guía que iluminará nuestro camino espiritual y personal. Abraza esta conexión celestial y permítete ser guiado por la amorosa presencia de los Ángeles en cada paso de tu viaje.

Encuentra El Tarot de Tus Ángeles de Tus Decretos en este link:

https://bit.ly/tusdecretos

Conversando con los Ángeles en la Ducha

La ducha puede convertirse en un santuario de conexión celestial, un espacio sagrado donde puedes entablar un diálogo íntimo con tus Ángeles. Mientras las gotas de agua recorren tu cuerpo, imagina cómo purifican no solo tu piel, sino también tu energía, disolviendo cualquier bloqueo o interferencia que pueda obstaculizar tu comunicación con el reino angelical.

Aprovecha este momento de soledad y tranquilidad para abrir tu corazón y expresar tus pensamientos, preocupaciones y aspiraciones a tus Ángeles. Habla con ellos como lo harías con un amigo cercano, con la certeza de que están ahí, escuchándote con amor y comprensión infinita. Puedes compartir tus alegrías, tus miedos, tus sueños y tus desafíos, sabiendo que tus palabras son acogidas con ternura y sin juicio alguno.

A medida que te sumerges en este diálogo íntimo, permítete percibir las respuestas de tus Ángeles. Puede que lleguen en forma de pensamientos repentinos, intuiciones o sensaciones de paz y claridad. Mantente receptivo a cualquier mensaje o guía que surja durante este momento de conexión bajo el agua purificadora.

Recuerda que tus Ángeles están siempre dispuestos a brindarte su sabiduría y apoyo, y la ducha puede convertirse en un ritual diario de comunicación y sintonía con su presencia amorosa. Aprovecha este tiempo para fortalecer tu vínculo con ellos y permitir que su luz ilumine tu camino.

Señales Angelicales en tu Día a Día

Tus Ángeles siempre están buscando formas de comunicarse contigo y guiarte en tu vida diaria. Una manera poderosa de fortalecer esta conexión es solicitando activamente su intervención a través de señales que puedas reconocer fácilmente.

Antes de comenzar tu día, tómate un momento para conectar con tus Ángeles y plantearles las preguntas o inquietudes que tengas en tu corazón. Pídeles que te envíen señales claras y significativas que te brinden la orientación y las respuestas que necesitas. Puedes ser específico en cuanto al tipo de señal que deseas recibir, como una canción particular, un símbolo recurrente o un encuentro inesperado con alguien que tenga un mensaje para ti.

A lo largo del día, mantén tus sentidos abiertos y tu atención plena en tu entorno. Observa los detalles que te rodean, desde los anuncios publicitarios hasta las conversaciones que escuchas al pasar. Presta atención a la música que suena en la radio o en los lugares que visitas, así como a las personas con las que te cruzas en tu camino.

Verás que las señales de tus Ángeles comienzan a manifestarse de maneras sorprendentes y sincrónicas. Puede que encuentres respuestas a tus preguntas en un titular de periódico, en las palabras de una canción o en un consejo inesperado de un desconocido amable. Es como si tus Ángeles estuvieran orquestando una campaña publicitaria personalizada, diseñada específicamente para brindarte la guía y el apoyo que necesitas en cada momento.

Encuentros fortuitos

Los sucesos aparentemente aleatorios y las coincidencias a menudo contienen mensajes ocultos del reino espiritual. Cuando se encuentra con un viejo amigo precisamente cuando ha estado en su mente o tropieza con un libro que habla directamente de su situación actual, estos acontecimientos no son mera casualidad. Son pistas sutiles que esperan ser descifradas. Preste atención a patrones, objetos o signos recurrentes, ya que pueden contener mensajes simbólicos destinados a que los explore y comprenda.

Acontecimientos conectados

En el gran esquema de la vida, los pensamientos se manifiestan en la realidad y los deseos internos se reflejan en sucesos externos. Las sincronicidades que se producen en grupos o patrones más allá de la mera probabilidad indican la presencia de fuerzas directrices que orquestan experiencias alineadas con verdades y percepciones profundas. Para reconocer estas coincidencias divinas, cultive una conciencia elevada y sintonice su mente y su alma para percibir incluso las señales espirituales más sutiles.

Intuición

La intuición es una suave voz interior que emana de su interior y le conecta con la sabiduría del universo. Le orienta cuando falla la lógica y le ofrece una guía o una advertencia cuando siente que algo no va bien. Para fortalecer su intuición, busque la soledad y la tranquilidad, practique la meditación, reflexione sobre sus experiencias vitales y preste atención a sus sueños. Confíe en sus instintos y crea que el cosmos le guía hacia su auténtico yo y su propósito.

El lenguaje simbólico de la naturaleza

La naturaleza se comunica a través de símbolos, ritmos y comportamientos. Los animales y las aves transmiten señales e indicios del universo, y sus historias son paralelas a las experiencias humanas y los viajes espirituales. Las fases de la luna, la naturaleza cíclica de las estaciones y la interacción de los elementos fundamentales transmiten historias de crecimiento, impermanencia, equilibrio e interconexión. Para comprender estos mensajes, forje una conexión profunda con la naturaleza y aquiete su mente y su alma.

El reino de los sueños

Los sueños están llenos de símbolos, metáforas y mensajes ocultos que le invitan a desentrañar su significado y descubrir los tesoros que encierran. Cada elemento de un sueño representa algo único, con un significado universal y conexiones personales con las experiencias, creencias y emociones del soñador. Los números que aparecen en los sueños nunca son arbitrarios; son portadores de mensajes y energías específicos. Descifrar el simbolismo de los sueños requiere paciencia y una mente abierta, ya que el significado no siempre se revela de inmediato.

Coincidencias

La vida es un complejo tapiz de individuos interconectados y acontecimientos aparentemente aleatorios. Los encuentros con desconocidos, viejos amigos o colegas que se producen en el momento perfecto no son meras coincidencias, sino intervenciones divinas diseñadas para ayudarle en el viaje de su vida. Las personas con las que se relaciona actúan como espejos que reflejan aspectos de usted mismo e incitan a la introspección y al crecimiento personal. Permanezca abierto y receptivo a estas interacciones, ya que pueden desafiarle, inspirarle u ofrecerle una profunda sabiduría.

Símbolos y signos personales

Cada persona tiene su propio conjunto de símbolos con un profundo significado personal. Estos símbolos pueden parecer ordinarios para los demás, pero poseen un gran poder para guiar, inspirar y elevar a la persona con la que resuenan. Los signos personales están íntimamente relacionados con el viaje de la vida y sirven como marcadores que destacan momentos, recuerdos y experiencias cruciales. Para reconocer estos signos, vuelva a su interior, revise sus recuerdos e identifique los símbolos recurrentes que tienen significado para usted. Acepte estas señales como herramientas de guía, consuelo y recordatorio de su verdadero yo y propósito.

Los mensajes divinos están entretejidos en el tejido de la vida cotidiana, esperando ser descubiertos por aquellos que están abiertos y atentos. Al cultivar la conciencia, confiar en su intuición y abrazar el lenguaje simbólico del universo, puede descubrir la profunda sabiduría y guía que le rodea. Mientras navega por el viaje de la vida, recuerde que lo divino siempre se comunica con usted, ofreciéndole apoyo, dirección e inspiración a lo largo del camino.

Bibliomancia: Encontrando Respuestas en las Páginas de los Libros

La bibliomancia es una práctica antigua y cautivadora que nos permite acceder a la sabiduría universal a través de las páginas de los libros. Esta técnica consiste en buscar orientación o respuestas a nuestras preguntas más profundas mediante la selección intuitiva de pasajes o frases de textos significativos.

Para comenzar con la bibliomancia, elige un libro que tenga un significado especial para ti o que contenga enseñanzas espirituales profundas. Puede ser un texto sagrado como la Biblia, el Corán o el Bhagavad Gita, o bien obras literarias con un rico contenido filosófico o poético, como los escritos de Rumi, los diálogos de Platón o las obras de Shakespeare.

Antes de abrir el libro, tómate un momento para aquietar tu mente y conectar con tu intención. Formula mentalmente la pregunta o el tema que te preocupa, y pide a tus Ángeles que te guíen hacia el mensaje que necesitas recibir en este momento.

Con reverencia y confianza, abre el libro en una página al azar. Puedes hacerlo dejando que el libro se abra por sí mismo o utilizando tu intuición para detener tu mano en una página específica. Una vez que hayas seleccionado la página, desliza tu dedo por las líneas de texto hasta que sientas la necesidad de detenerte en una frase o pasaje en particular.

Lee atentamente las palabras que has encontrado y reflexiona sobre cómo pueden aplicarse a tu situación o responder a tu pregunta. A veces, el mensaje puede ser claro y directo, mientras que en otras ocasiones puede requerir una interpretación más profunda y simbólica. Confía en tu intuición y permite que la sabiduría contenida en esas palabras resuene en tu corazón.

La bibliomancia nos invita a ver más allá de las coincidencias y a reconocer la sincronicidad en acción. Cada mensaje que recibimos a través de esta práctica es un regalo de nuestros Ángeles, una guía amorosa que nos ayuda a navegar por los desafíos y a encontrar claridad en medio de la incertidumbre.

A medida que incorporas la bibliomancia en tu práctica espiritual, descubrirás que los libros se convierten en portales hacia la sabiduría universal, y que cada página contiene un tesoro de orientación y consuelo. Permite que las palabras te hablen directamente al alma, y abraza los mensajes que tus Ángeles tienen para ti en cada momento.

La práctica de la oración

En la práctica de la oración, ofrecemos nuestros problemas, temores y preocupaciones a un poder más elevado, lo cual resulta en una profunda sanación. Esta acción nos libera de las cargas que, en realidad, provienen únicamente de nuestro ego y, por tanto, no tienen fundamento real.

Al orar, nos despojamos de la perspectiva limitada del ego, dejando como resultado la pura realidad. Al dejar atrás nuestros miedos y preocupaciones, nos sumergimos en el presente, donde encontramos todas las respuestas necesarias para nuestra vida. Es similar a un niño que confía en su madre para reparar un juguete roto; de la misma manera, confiamos en un poder superior para que restaure nuestros pensamientos y emociones dañadas. La sensación de tranquilidad nos indica que la reparación ha sido efectiva.

Compartir un problema con alguien capaz de manejarlo es un gran alivio. La oración funciona de esta forma: confiamos nuestros problemas a un poder superior que los soluciona por nosotros. En esencia, esos problemas nunca existieron, y ese poder superior ha estado dirigiendo la vida de manera perfecta todo el tiempo. Sin embargo, para apaciguar nuestro ego y nuestra mente, participar en el ritual de la oración puede ser muy beneficioso.

Lo que realmente se calma es nuestro lado más primitivo, que opera desde el miedo. Es crucial tranquilizarlo para evitar que sabotee nuestra existencia. Este lado primitivo no es sabio y genera pensamientos temerosos, estresantes e improductivos.

La oración sirve para apaciguar a nuestra "bestia" interna. Incluso si no existieran fuerzas espirituales atendiendo nuestras oraciones, el acto de orar tiene un efecto curativo, ya que calma el sistema límbico del cerebro y favorece la presencia, siempre que se crea en la eficacia de la oración.

Otra razón para creer en la oración es que nos brinda la confianza para superar los miedos y la negatividad del ego. El ego intenta dominar haciéndonos creer que es más fuerte que nosotros, una creencia que limita nuestro potencial. La oración nos permite reconectar con nuestras fuerzas innatas.

Una oración genuina también moviliza y fortalece nuestra voluntad, impulsándonos a transformarnos, superar limitaciones y viejos hábitos. Es una declaración a nuestro inconsciente de nuestra intención de cambio, señalando un nuevo comienzo.

¿Cómo deberíamos orar? La sinceridad en la oración es más crucial que las palabras específicas usadas. Las fuerzas espirituales reaccionan con mayor intensidad ante las súplicas apasionadas. Sin embargo, esto no garantiza obtener exactamente lo que se pide, como probablemente ya se haya observado. La vida tiene sus propios planes y razones para otorgar o no lo solicitado.

Lo que sí es seguro es que recibiremos la ayuda necesaria para enfrentar cualquier desafío. Esta ayuda puede manifestarse como fuerza interior, un libro, una idea reveladora, un cambio de actitud, el soporte de un amigo o beneficios en otros aspectos de nuestra vida que alivien nuestras circunstancias.

No hay tal cosa como orar demasiado. A menudo, las personas creen erróneamente que no es necesario pedir ayuda más de una vez. Sin embargo, es vital hacerlo repetidamente, siempre que lo necesitemos. La razón es que si nos encontramos atrapados en pensamientos y emociones negativas, las fuerzas espirituales interpretan que hemos elegido permanecer en ese estado, ya que no optamos por desviar nuestra atención de ellos. Dado que estas fuerzas respetan nuestro libre albedrío, no se interpondrán en nuestra elección de albergar esos pensamientos. Por ello, si buscamos asistencia para superar cualquier pensamiento o emoción negativa, debemos solicitarla cada vez que la necesitemos.

Cuando nos descubramos envueltos en la negatividad, es el momento de orar por ayuda para transformar nuestra conciencia. Realiza esta práctica con diligencia cada vez que te veas sumergido en las falsedades de la mente, y notarás la diferencia. Gradualmente, será más sencillo no caer en esas trampas o liberarse de ellas más rápidamente.

A continuación, se presenta una oración general para la transformación, la cual puedes personalizar según tus necesidades. Siente la libertad de agregar aquello que desees, ya sea lo que anhelas sanar, comprender, aceptar, soltar, perdonar, o en lo que necesitas crecer.

"Estoy dispuesto y preparado para recibir ayuda en...

Ver lo que sea necesario ver,

Hacer lo que sea necesario hacer,

Sanar lo que necesite ser sanado,

Comprender lo que deba comprender,

Aceptar lo que necesite aceptar,

Soltar lo que deba soltar,

Perdonar lo que deba perdonar,

Crecer en lo que necesite crecer."

Al declarar estas intenciones, te alineas con las fuerzas amorosas que orientan la existencia. Estas celebran tu anhelo de felicidad, crecimiento, amor y paz. Al orar, atraes a las fuerzas espirituales dispuestas a apoyarte en tu camino hacia la dirección anhelada.

Tu disposición a forjar una nueva relación con la vida se manifiesta a través de la oración, una poderosa declaración de tu deseo de liberarte del sufrimiento que el ego genera. Tal oración marca un punto de inflexión en tu evolución, indicando tu preparación para despertar de la ilusión de ser quien tus pensamientos dicen que eres.

La oración nos brinda una sensación de conexión con algo más amplio que nosotros mismos, infundiéndonos paz. Esta conexión, fundamentalmente bondadosa, es un pilar para vivir con serenidad, aceptando la vida tal como es. Nos encontramos seguros en este universo, rodeados de bondad, amor y una existencia eterna. Cuanto más interiorizamos esta realidad, más sencillo resulta enfocarnos en el presente, viviendo plenamente en nuestro cuerpo y sentidos, abrazando lo desconocido, agradeciendo y amando.

La facilidad de la oración radica en su simplicidad, permitiéndonos practicarla en cualquier momento, especialmente cuando las preocupaciones nos abruman. Necesitamos herramientas accesibles para contrarrestar nuestras tendencias negativas. Frases sencillas como "Ayúdame a aceptar esto" o "Deseo estar más presente" pueden ser el ancla que necesitamos para liberarnos de pensamientos adversos.

Te propongo algunas oraciones que puedes incorporar en tu día a día:

- "Ayúdame a entender qué acción tomar ahora."

- "Inspírame a encontrar las palabras adecuadas."

- "Permíteme reconocer lo Divino en todos."

- "Guíame para ver el bien en esta situación."

- "Ayúdame a cultivar amor hacia los demás."

- "Bríndame serenidad mental."

- "Conduce mi corazón hacia la alegría."

- "Enséñame a soltar y fluir con la vida."

- "Fomenta en mí la paciencia."

Orar nos permite interrumpir el monólogo interno del ego, reemplazándolo con palabras que nos reconectan con nuestro ser esencial. Es una estrategia para despojar al ego de su control, anclándonos en el presente y liberándonos de viejas programaciones negativas.

Por qué la oración es sanadora

La oración tiene el poder de sanar de diversas maneras. Comienza con la identificación de un desafío, una carencia o un anhelo que percibimos como fuente de desdicha. Orar por asistencia nos obliga a reconocer aquello que deseamos transformar. Este acto de conciencia es el primer paso hacia el cambio, pues nos habilita para modificar aquello que decidimos cambiar y nos abre la puerta para recibir el apoyo de nuestros guías espirituales y los Maestros Ascendidos en este proceso.

Orar desencadena dos procesos fundamentales: solicitamos ayuda de otros planos de existencia y, lo más crucial, clarificamos para nosotros mismos nuestras verdaderas aspiraciones. Reflexionar sobre nuestras necesidades puede llevarnos a comprender que lo que creíamos indispensable quizás no lo sea tanto, y que existen anhelos más profundos por los cuales vale la pena orar. Este diálogo con nuestros guías y Maestros Ascendidos puede ser revelador, permitiéndonos descubrir aspectos desconocidos de nosotros mismos. Al verbalizar nuestros pensamientos, estos pasan del subconsciente al consciente, ampliando nuestra autoconciencia.

La oración actúa igualmente como un mecanismo para reprogramar nuestro subconsciente, facilitando el avance personal. Al formular una intención y afirmarla, estamos creando nuevas posibilidades para nosotros mismos. Este proceso es similar al que ocurre cuando decidimos cambiar un hábito no beneficioso; al expresar la intención de cambio, nuestro subconsciente se alinea con esta nueva dirección.

Las entidades espirituales que nos asisten también responden a nuestras intenciones. Al percibir nuestra disposición para recibir ayuda y cambiar, se acercan para apoyarnos en este nuevo capítulo. La práctica de la oración nos invita a expresar libremente nuestros pensamientos, lo que facilita su análisis y nos permite discernir su veracidad.

Enfrentar y cuestionar la validez de nuestras creencias negativas es esencial para liberarnos de ellas. Al examinarlas, nos damos cuenta de que muchas no sostienen una verdad absoluta y, por lo tanto, podemos descartarlas. Este proceso de discernimiento nos ayuda a despojarnos de las creencias limitantes y a reducir su influencia en nuestras vidas.

Dialogar con nuestros guías espirituales y los Maestros Ascendidos sobre nuestras inquietudes mentales es un acto liberador. Al igual que en la terapia, este intercambio con seres llenos de sabiduría, aceptación y compasión proporciona una experiencia sanadora. Nos permite separar la realidad de la ilusión, reconociendo lo verdaderamente importante para nuestro bienestar.

La oración es, en esencia, un ejercicio de salud emocional que fomenta nuestro bienestar. Nos invita a mantener una conversación diaria con nuestros guías espirituales y los Maestros Ascendidos, asegurándonos su incondicional compañía.

Al comunicarnos con nuestros guías y los Maestros Ascendidos, y al ver nuestras necesidades cubiertas por ellos en los niveles más íntimos, ya sea de manera evidente o sutil, descubrimos que la dependencia de los demás para satisfacer esas necesidades disminuye significativamente. Esta conexión interna nos proporciona lo que realmente necesitamos, reduciendo así la necesidad de buscar comprensión o apoyo externo, que en ocasiones puede ser contraproducente. Los seres humanos, a menudo, pueden alimentar pensamientos negativos y adoptar actitudes egoístas, algo que no sucede en el diálogo con las fuerzas superiores.

Como en cualquier vínculo afectivo, la relación con nuestros guías y los Maestros Ascendidos requiere ser cultivada a lo largo del tiempo. Sin embargo, el tiempo invertido en la oración y la meditación es una inversión que rinde frutos, brindándonos apoyo, estabilidad y una sensación de plenitud.

La importancia de escuchar en la oración

Comunicarse con la divinidad implica mucho más que simplemente hablar; es esencial escuchar. Al escuchar, no lo hacemos con los oídos, ya que es poco probable recibir palabras como respuesta. En cambio, nuestro corazón y nuestro ser entero captan las respuestas, que pueden manifestarse como conocimientos, un sentido de dirección, valor, fortaleza, inspiración e ideas.

Al establecer esta comunicación, nos abrimos a una ayuda adicional en nuestro camino. Las entidades que nos guían pueden reforzar nuestra valentía e inspiración, sugiriéndonos ideas o emociones que guíen nuestros pasos hacia la felicidad y el entusiasmo. Estas señales son, en realidad, respuestas a nuestras oraciones, manifestándose a través de personas, oportunidades, e inspiraciones que se cruzan en nuestro camino.

Sin embargo, estas respuestas pueden no presentarse de inmediato ni de manera evidente. Se dispersan a lo largo del día y pueden surgir inesperadamente, en forma de una idea repentina, una sensación de conexión o un impulso de alegría. Todo lo que llega a nuestra vida, llega por una razón y cumple con una necesidad, evitando aquello que no necesitamos y podría desviarnos.

Reconocer lo que recibimos es crucial; de lo contrario, es como si no lo hubiéramos obtenido. Por ejemplo, si se nos otorga fortaleza pero no la reconocemos dentro de nosotros, es como si no existiera. Es fundamental ser conscientes de estos dones y oportunidades, aunque su percepción no sea algo que venga de manera natural, especialmente debido a que la mente egoísta tiende a menospreciarlos, enfocándose en la carencia.

La percepción de carencia y la creencia de que vivimos en un mundo hostil son creencias que nosotros mismos fortalecemos, y se convierten en una realidad autoimpuesta. Estas visiones del mundo, basadas en el miedo y la escasez, son el verdadero enemigo, alejándonos de la verdadera esencia de la vida: el amor, la fe y la fortaleza.

Los pensamientos que surgen de esta mentalidad no son aliados; no aportan valor ni paciencia, sino que generan irritabilidad, impaciencia y una sensación de victimización. Es fundamental cuestionar estos pensamientos y reconocer que no contribuyen a nuestro bienestar, para poder abrirnos a la abundancia y el apoyo que la vida, en su esencia más pura, siempre está dispuesta a ofrecernos.

Por lo tanto, es crucial aprender a sintonizar con un nivel más sutil y reconocer los dones que se presentan. Debemos aprender a identificar el valor, la fortaleza, la paciencia, la perseverancia y todas esas cualidades innatas que poseemos por el mero hecho de ser seres divinos, siguiendo el principio de "Como es arriba, es abajo".

La divinidad es sinónimo de bondad, y esta reside en nosotros. No obstante, esta bondad no siempre es fácil de acceder debido a nuestra mente egoísta, que actúa como un obstáculo. La mente egoísta eclipsa estos dones, anulándolos y despojándonos de nuestro poder. Por ende, debemos trascender la mente para reconectar con nuestro verdadero poder divino. Estamos dotados de bondad, fuerza y todo lo necesario para vivir una vida plena de belleza, felicidad, y alegría, y para contribuir a la creación de la manera que estamos destinados. Contamos con todo lo necesario para manifestar nuestra esencia en el mundo. Sin embargo, es imprescindible superar la mente egoísta, que obstaculiza el reconocimiento y la utilización de estos dones divinos, inherentes a nuestra naturaleza espiritual.

El secreto reside en ser conscientes de nuestros dones: percibir el valor, el amor, la paciencia, la fortaleza y la capacidad de perseverar, de cuidar y de conectar con los demás. La esencia de lo bueno en el ser humano proviene de su naturaleza divina. Así que, es momento de reconocer lo maravillosos que somos. Tomar conciencia de nuestra bondad y fortaleza, comprendiendo que son regalos otorgados para apoyarnos en nuestro camino y vivir la vida para la cual estamos destinados. Estos son nuestros recursos.

No estamos desamparados ni nos falta algo esencial. Siempre disponemos de lo necesario. Con esta certeza, entender que la oración facilita la recepción de lo que necesitamos y nos hace conscientes de que ya lo estamos recibiendo, ya que al pedir algo, nuestra atención se dirige hacia la recepción. La oración es una herramienta que nos ayuda a reconocer lo que recibimos y a ser conscientes de su continua llegada.

Eliminar la negatividad con la ayuda de los ángeles

La buena noticia es que liberarnos de las energías negativas que nos rodean es más sencillo de lo que creemos, y los ángeles están aquí para ayudarnos en este proceso. Ya sean personas tóxicas, situaciones desagradables o nuestros propios pensamientos limitantes, estas influencias pueden obstaculizar nuestro crecimiento y bienestar. Sin embargo, con la guía de los ángeles, podemos aprender a identificar y transformar estas energías, creando un entorno más positivo y armonioso.

Es importante recordar que las energías negativas solo tienen el poder que les otorgamos. Cuando creemos en los pensamientos limitantes que nos inducen o les tememos, les damos fuerza para influir en nuestra vida. Pero la verdad es que el amor y las emociones positivas son mucho más poderosas, y los ángeles están aquí para ayudarnos a alinearnos con estas frecuencias elevadas.

Para comenzar a limpiar nuestra energía con la ayuda de los ángeles, es fundamental cultivar un estado mental positivo. Esto significa enfocarnos en pensamientos de amor, gratitud y confianza, incluso cuando las circunstancias sean desafiantes. Podemos invocar a los ángeles para que nos brinden protección y nos guíen hacia una perspectiva más elevada, pidiendo su ayuda para liberarnos del miedo y la negatividad.

Si te resulta difícil mantener una actitud positiva debido a la influencia prolongada de energías negativas, no dudes en buscar el apoyo de un sanador o terapeuta especializado en trabajo energético. Ellos pueden ayudarte a identificar y transformar las creencias limitantes que han permitido la acumulación de negatividad, y enseñarte técnicas para fortalecer tu conexión con los ángeles.

Para realizar una limpieza energética por ti mismo, comienza por encontrar un espacio tranquilo donde puedas relajarte y aquietar tu mente. Respira profundamente y enfócate en sentimientos de amor y gratitud. Luego, invoca a los ángeles, pidiéndoles que te liberen de cualquier energía negativa que esté obstaculizando tu bienestar y crecimiento. Puedes decir algo como:

"Amados ángeles, les pido humildemente que me ayuden a liberarme de todas las energías negativas que me rodean. Ya sean personas, situaciones o mis propios pensamientos limitantes, estoy listo para dejarlos ir y abrazar una perspectiva más positiva. Por favor, guíenme para sanar y elevar mi vibración, y muéstrenme cómo mantenerme alineado con el amor y la luz. Gracias por su constante apoyo y protección."

Tras esta invocación, tómate unos momentos para respirar profundamente y visualizar una luz brillante rodeándote, disolviendo cualquier energía negativa. Confía en que los ángeles están trabajando contigo para facilitar esta transformación, y mantente abierto a su guía.

Recuerda que la limpieza energética es un proceso continuo, especialmente si has estado expuesto a mucha negatividad. Se paciente y compasivo contigo mismo mientras navegas este camino de sanación. Continúa invocando a los ángeles en momentos de dificultad, y pídeles que te muestren las lecciones y oportunidades de crecimiento en cada desafío.

Además de la limpieza energética, es importante cultivar prácticas diarias que eleven tu vibración y fortalezcan tu conexión con los ángeles. Esto puede incluir meditación, afirmaciones positivas, expresiones de gratitud y actos de bondad hacia ti mismo y los demás. Cuanto más te enfoques en el amor y la positividad, más fácil será mantener alejadas las energías negativas.

Confía en que con la ayuda de los ángeles y tu propio compromiso con el bienestar, puedes transformar tu vida y crear un entorno lleno de amor, paz y armonía. Recuerda que siempre eres merecedor/a de felicidad y que los ángeles están aquí para apoyarte en cada paso del camino.

5. Señales y símbolos de nuestro ángeles y guías

Muchos ya sabemos que nuestros guías de otras dimensiones nos orientan a veces a través de signos y símbolos. Esta es una de las maneras en que pueden comunicarse con nosotros, además de nuestra intuición general. Me gustaría explorar esto contigo y ayudarte a comprender cómo funciona en nuestra vida.

Algunas personas reciben mucha orientación a través de signos y símbolos, mientras que otras raramente lo experimentan. La recepción de esta orientación no solo depende de nuestra receptividad, sino también de nuestro "estilo" particular de recibir información intuitiva.

Hay quienes captan la información intuitiva más fácilmente a través de su cuerpo energético sutil. Este cuerpo recoge o registra información energética del entorno y de quienes nos rodean, y esta energía se traduce en intuiciones o percepciones. Estos son los empáticos: sienten lo que otros sienten emocional y hasta físicamente. Las emociones y los datos sensoriales de los demás se reflejan en su propio cuerpo. Sin embargo, si esta forma de intuición no está plenamente desarrollada, pueden captar energía pero no discernir el significado de lo que sienten.

Otros captan la información intuitiva más fácilmente de manera auditiva, como en la clariaudiencia o la canalización, recibiendo directamente palabras en su mente. Si esta forma de intuición no está completamente desarrollada, es posible que solo escuchen palabras sueltas o frases esporádicas, enfrentándose al desafío de distinguir estas voces de sus propios pensamientos.

Los que se inclinan por la intuición visual son los más propensos a responder a signos y símbolos, ya que estos dependen del sentido de la vista: ver algo desencadena una intuición o percepción, ya sea inmediata o a posteriori. Aquellos con facilidad para recibir información visual también pueden obtenerla a través de imágenes mentales o símbolos en el ojo de su mente, e incluso en sueños. Cuando esta capacidad está plenamente desarrollada, se le llama clarividencia. Estas personas se sienten naturalmente atraídas por sistemas simbólicos como el Tarot o la astrología, cuyos símbolos desencadenan intuiciones.

Nuestros guías se comunican con nosotros de la manera que más nos convenga y que mejor funcione en el momento específico en que quieran transmitirnos algo. Pueden utilizar signos, símbolos o sincronicidades si prestamos atención a estas cosas y cuando sea apropiado. Alternativamente, los guías pueden valerse de otra persona para transmitir su mensaje, o de los sueños, si somos personas que prestamos atención a ellos. Pero la forma más común en que nuestros guías se comunican con nosotros es a través de nuestra intuición: de repente, sabemos algo, sin necesidad de un signo o símbolo. Las señales y los símbolos simplemente facilitan que algunas personas reciban un mensaje intuitivo. Todos tenemos cierta capacidad para recibir información de manera intuitiva.

Cuando los guías usan símbolos, estos tendrán un significado personal para nosotros. Por ejemplo, si en tu juventud navegaste y tienes asociaciones positivas con la navegación, entonces un velero de juguete, un velero real, una fotografía de un velero, un libro o incluso una canción sobre la navegación podrían ser utilizados para evocar un recuerdo, un sentimiento, una percepción, algo que aprendiste o una asociación que formaste alrededor de la navegación y que te sea útil en el presente. Si la navegación fue un recuerdo especialmente feliz, los guías podrían dirigir tu atención hacia un velero para evocar esos sentimientos. A veces, simplemente nos recuerdan lo que nos hace felices o lo que necesitamos para serlo. Quizás sea el momento de volver a navegar.

O si has escuchado que el 11:11 o algún otro número es una manera en que tus guías se comunican contigo, entonces podrían intentar llamar tu atención haciéndote consciente de este número en tu entorno. Nuestros guías son capaces de dirigir nuestra atención hasta cierto punto, haciéndonos fijar en un número o en lo que deseen que veamos. En este caso, el mensaje no está en el número per se, sino en el acto de comunicarnos: "Estoy aquí. Presta atención". Por ejemplo, si alguien te dice "33 significa x", tus guías podrían usar ese número para transmitirte lo que tú crees que significa.

Nuestros guías espirituales a menudo recurren a medios creativos para comunicarse con nosotros, como hacer que prestemos atención a la letra de una canción que resuena en una tienda o encender la radio en el momento preciso. Se valen frecuentemente de la música para transmitirnos mensajes, recordarnos algo o simplemente para elevar nuestra vibración. De la misma manera, pueden captar nuestra atención a través del canto de un pájaro, el aroma de una flor o cualquier otro elemento presente en nuestro entorno. Su objetivo es frecuentemente ayudarnos a reconectar con nuestro cuerpo y nuestros sentidos, especialmente cuando nos hallamos distraídos por nuestros pensamientos.

La comunicación a través de símbolos es profundamente personal y única, similar a cómo los interpretamos en nuestros sueños. Los guías escogen símbolos que sean significativos y comprensibles para nosotros. Por ejemplo, la figura de una serpiente puede tener diferentes interpretaciones según la persona. A pesar de que existen símbolos con significados ampliamente aceptados, es crucial entenderlos desde una perspectiva personal.

Sin embargo, interpretar los mensajes de los guías a través de símbolos y señales puede ser confuso, especialmente para quienes están aprendiendo a reconocer esta forma de comunicación. No todo lo que observamos o experimentamos tiene un mensaje oculto. Los símbolos y señales deben evocar una intuición o comprensión inmediata; de lo contrario, no cumplen su propósito comunicativo.

Mientras los símbolos suelen comunicar mensajes específicos, como intuiciones, las señales frecuentemente actúan como advertencias. Pequeños contratiempos pueden ser una alerta para proceder con precaución ante la posibilidad de eventos más significativos. Por ejemplo, ver a un animal pequeño cruzando la carretera podría ser una señal para estar alerta ante el cruce de animales más grandes.

Nuestros guías espirituales nos protegen y guían en todo momento, manipulando nuestra atención para mantenernos a salvo. Aunque no siempre pueden prevenir accidentes, suelen minimizar sus consecuencias, trabajando incansablemente para orquestar los eventos de nuestra vida. Sin embargo, hay momentos en los que experimentar ciertas situaciones es esencial para nuestro crecimiento personal.

Nos recuerdan que cada experiencia, incluso los incidentes inesperados, puede ser una oportunidad para el crecimiento del alma. A través de los guías, el alma nos provee de lo necesario para evolucionar a partir de estas experiencias.

Lamentablemente, es común que algunas personas interpreten erróneamente la comunicación a través de señales de los guías espirituales, pensando que cualquier evento inusual o adverso es un mensaje directo. Por ejemplo, si un pájaro choca contra el parabrisas o un árbol cae en el jardín durante una tormenta, no siempre son señales; a menudo, son simplemente eventos aleatorios de la vida.

Afrontar desafíos como endodoncias, platos rotos o neumáticos pinchados no implica necesariamente que estemos desalineados espiritualmente o que estos incidentes sean un castigo o resultado directo de nuestras acciones o pensamientos.

El karma, aunque a veces nos ofrece lecciones valiosas, no es el responsable de cada pequeño contratiempo en nuestra vida. En el mundo físico, las cosas simplemente suceden: se desgastan, se rompen, y nos toca gestionar estas situaciones. Mantenerse en el flujo de la vida implica aceptar estos eventos sin resistencia ni personalización, evitando así crear narrativas negativas que nos afecten emocionalmente.

Todos enfrentamos momentos desagradables o incluso aterradores en la vida, no por tener pensamientos negativos o mal karma, sino porque la existencia en la Tierra naturalmente conlleva desafíos. La idea de controlar completamente la vida a través de la perfección personal es una ilusión del ego. Incluso las personas más espirituales deben aceptar que ciertos eventos desafortunados son inevitables y forman parte del flujo de la vida.

Es posible que algunos contratiempos actúen como señales o advertencias, pero sin una intuición clara sobre su significado, es imprudente considerarlos como tales. Obsesionarse con descifrar el significado de cada pequeño evento con la mente es inútil, ya que es probable que nos lleve a conclusiones incorrectas que nos hagan sentir mal.

Los guías espirituales comunican su amor y cuidado a través de mensajes llenos de bondad, enviando señales para recordarnos o hacernos reflexionar sobre aspectos importantes de nuestra vida. Aunque pueden advertirnos mediante señales, lo hacen de manera que no nos asuste. Con amor y cuidado, nos guían hacia el mejor camino posible, facilitando nuestra vida con señales, símbolos e intuiciones.

Sincronicidad y coincidencias

El universo se manifiesta como una entidad sensible y compleja, fluyendo a través del tiempo y las experiencias. Más allá de nuestro alcance visual y comprensión, existen infinitas conexiones entre eventos, palabras pronunciadas y momentos, abarcando todo aquello que escapa a nuestro conocimiento. Aquí es donde se manifiesta el impacto del efecto mariposa: un suceso aparentemente trivial puede desencadenar consecuencias de gran magnitud, y esta influencia se intensifica cuando consideramos el impacto de las energías vibratorias.

La sincronicidad describe ese proceso mediante el cual los eventos relacionados no parecen obedecer a las rígidas leyes de causa y efecto. Se presentan más bien como mensajes que nos llegan de formas variadas, cargados de significado y con un impacto tal en nuestra mente que resulta imposible ignorarlos. Es probable que ya hayamos experimentado situaciones tan insólitas como estas anteriormente.

Desde este momento, es esencial mantenernos alerta para captar las señales de sincronicidad. Estas pueden presentarse en cualquier lugar y momento, extendiéndose a lo largo de un día o incluso durante semanas o meses. La sincronicidad guarda una relación estrecha con los números angélicos, ya que al empezar a observar secuencias numéricas vinculadas a un mensaje específico, comprendemos que se nos está enviando una señal.

Independientemente de cómo nos lleguen estas señales, lo crucial es reconocer su destacada presencia, pues en ese reconocimiento radica la evidencia de que hemos captado una señal.

Sueños y visiones

Me referiré rápidamente a los sueños y las visiones porque son muy importantes a la hora de conectar con el universo, y probablemente hayas oído hablar de ellos antes. Los mensajes que escuchas en tus sueños son mensajes de tu mente inconsciente, que te llegan involuntariamente de formas poderosamente visuales.

No todos los sueños tendrán significados poderosos que cambien tu vida, pero si tienes un sueño que se te queda grabado durante algún tiempo, es decir, que sigues su eco a lo largo del día, es una señal segura de que necesitas sumergirte en ese sueño para descubrir lo que está intentando decirte.

Afortunadamente, leer en tus sueños y sus significados es más fácil que nunca, especialmente con la amplia colección de información en línea, y al respecto, no puedo sino recomendarte el sitio web https://www.SoñarSoñar.com y su canal de YouTube en https://youtube.com/TellmemyDream

Números

Vivimos en un mundo donde los números están presentes en cada aspecto de nuestra vida diaria: desde los números de teléfono móvil hasta los que encontramos en nuestros documentos de identidad, cuentas bancarias y hasta en las direcciones de nuestras casas. Estos números desempeñan roles cruciales en nuestro día a día. De manera similar, los números angelicales tienen su importancia, aunque de una forma distinta. Actúan como poderosas herramientas para orientarnos en nuestro camino espiritual, ayudándonos a alcanzar nuestros objetivos espirituales y a forjar la vida que deseamos.

Para ofrecernos su guía, nuestros ángeles buscan formas de captar nuestra atención. Esto puede manifestarse a través de sueños, visiones, una charla espontánea, un encuentro casual con un amigo, un video inspirador en internet o incluso una canción en la radio. Los números angelicales son solo uno de los medios a través de los cuales nuestros ángeles se comunican con nosotros.

En cuanto a los números recurrentes, estos actúan como un indicativo de la presencia angelical intentando hacerse notar en nuestras vidas. Los ángeles optan por los números como medio de comunicación porque, a diferencia de los sueños, los cuales no siempre recordamos, interactuamos con números todos los días. En este contexto, cuando te encuentras con secuencias numéricas como el 11:11, o te despiertas repetidamente a una hora inusual en la noche, como las 12:34, o un número que empiezas a ver por todas partes con mayor frecuencia, es una señal clara. Estos momentos no son coincidencias aleatorias; son tus guías espirituales intentando establecer comunicación contigo a través de los números. Estas secuencias numéricas y momentos específicos están cargados de mensajes y significados, diseñados para captar tu atención y guiarte. La repetición de estos números es una táctica utilizada por los ángeles para asegurarse de que el mensaje sea notado y considerado por ti en tu camino de vida.

En ocasiones, estos números pueden tener un significado personal, como la fecha de nuestro cumpleaños o la de alguien importante para nosotros, o tal vez un aniversario significativo. O bien, pueden ser números que poseen un profundo significado numerológico por sí mismos. La intención detrás de los números angelicales no es confundirnos con complejidades, sino hacernos conscientes de que estamos avanzando en la dirección correcta y que contamos con el apoyo de los ángeles. En el anexo de este libro, profundizaremos en estos números recurrentes y su significado.

Deja Vu

El término "Deja Vu" proviene del francés y se traduce literalmente al español como "ya visto". Esta expresión se utiliza para describir la peculiar sensación de haber experimentado o vivido previamente una situación nueva. Aunque este fenómeno puede tener diversas interpretaciones científicas y psicológicas, desde una perspectiva espiritual, el Deja Vu se interpreta a menudo como una señal de nuestros guías espirituales.

Experimentar un Deja Vu se ha convertido en una de las señales más fascinantes que el universo nos ofrece. Este fenómeno, tan único y envolvente, nos invita a detenernos y prestar atención a lo que nos rodea. Se siente con tal intensidad que no deja lugar a dudas. Cuando nos encontramos ante un Deja Vu, es el momento de afinar nuestros sentidos y estar atentos a las señales.

En cualquier circunstancia que se presente, es crucial observar lo que sucede y los detalles más significativos. Reflexiona sobre ese diálogo que te resulta familiar, las personas que participan y los elementos clave del momento. Ya sea que un animal, un plato o un instante del día capture tu interés, es importante que les dediques un momento de reflexión.

Prestar atención a estos detalles nos enseña lecciones valiosas, ofreciéndonos la oportunidad de aplicar este conocimiento en diferentes áreas de nuestra vida. Los Deja Vu nos sugieren que, de alguna manera, nuestros guías espirituales ya han recorrido este camino y ahora nos transmiten su experiencia para advertirnos y hacernos saber que estamos ante un camino ya explorado.

Corazonadas E Intuición

Las corazonadas o esas intuiciones que aparecen súbitamente no emergen sin motivo ni significado. Portan consigo un mensaje crucial para nosotros. Decodificar estos sentimientos y emociones puede ser un desafío. Imagínate que estás a punto de dirigirte a un auditorio lleno de gente; podrías sentir un aumento de temperatura corporal, sensaciones intensas y un notable malestar en el estómago.

Lo primero que podrías pensar es que estás nervioso, sin embargo, estas emociones y sensaciones son idénticas a las que experimentarías si estuvieses excitado. La línea que separa ambos estados es muy delgada. No importa la circunstancia en la que nos encontremos, si de repente una emoción intensa nos sobrecoge, es una señal de que algo dentro de nosotros está intentando hacernos llegar un mensaje; no estamos desorientados.

En realidad, estamos en sintonía con nuestra intuición y percepción más profunda. Posiblemente, hemos dejado de lado este aspecto de nuestro ser durante mucho tiempo, salvo en momentos específicos, lo que podría ser la razón por la cual su reconocimiento resulta tan impactante inicialmente. Cualquiera que sea la situación, existe para comunicarnos algo importante.

Las corazonadas o esas intuiciones que aparecen súbitamente no emergen sin motivo ni significado. Portan consigo un mensaje crucial para nosotros. Decodificar estos sentimientos y emociones puede ser un desafío. Imagínate que estás a punto de dirigirte a un auditorio lleno de gente;

podrías sentir un aumento de temperatura corporal, sensaciones intensas y un notable malestar en el estómago.

Lo primero que podrías pensar es que estás nervioso, sin embargo, estas emociones y sensaciones son idénticas a las que experimentarías si estuvieses excitado. La línea que separa ambos estados es muy delgada. No importa la circunstancia en la que nos encontremos, si de repente una emoción intensa nos sobrecoge, es una señal de que algo dentro de nosotros está intentando hacernos llegar un mensaje; no estamos desorientados.

En realidad, estamos en sintonía con nuestra intuición y percepción más profunda. Posiblemente, hemos dejado de lado este aspecto de nuestro ser durante mucho tiempo, salvo en momentos específicos, lo que podría ser la razón por la cual su reconocimiento resulta tan impactante inicialmente. Cualquiera que sea la situación, existe para comunicarnos algo importante.

6. Sanación

La búsqueda de curación física es en realidad una invitación al desarrollo emocional o espiritual. Es común que detrás de las enfermedades o discapacidades físicas se escondan problemas emocionales o espirituales. Por tanto, si nos encontramos en necesidad de curación física, es probable que estemos siendo llamados a un crecimiento emocional o espiritual necesario para alcanzar el bienestar. O bien, nuestra alma está aprovechando los desafíos físicos para avanzar espiritualmente, o las heridas emocionales, ya sean de esta vida o de vidas pasadas, están generando un estado negativo persistente que se manifiesta en problemas físicos. Este estado negativo puede ser resultado de ira reprimida, o de vivir en un estado constante de ira, miedo, dolor, culpa, odio o remordimiento durante un periodo prolongado. Las emociones negativas, especialmente el miedo, la ira y el dolor, son tóxicas para el cuerpo y juegan un papel crucial en la mayoría de las enfermedades y desequilibrios físicos.

Abordemos primero los desafíos físicos que tienen un propósito espiritual. Esto significa que un reto físico puede haber sido elegido por nuestra alma antes de nacer como un catalizador para nuestro crecimiento en esta vida. Cada alma tiene el deber de desarrollar ciertas cualidades divinas, tales como amor, paciencia, responsabilidad, compasión, coraje, fortaleza, perseverancia, humildad y sensibilidad hacia los demás, y los desafíos físicos suelen ser una vía para fomentar estas cualidades.

Además, nos enfrentamos a la mayor lección espiritual de todas: superar las tendencias del ego, como el aferrarse al futuro, la codicia, el miedo a la escasez, el deseo de ser especial o superior, el anhelo de control, poder, dinero o fama.

Estar enfermo o discapacitado representa un gran desafío para el ego, ya que dificulta la obtención de lo que desea. La enfermedad o discapacidad nos coloca en una posición de menor poder y control, y nos aparta de la participación en las actividades mundanas. Nos obliga a alejarnos de nuestras vidas, roles e identidades habituales, reduciendo nuestra actividad, deteniendo la persecución de objetivos egoístas, rindiéndonos a lo que es y aceptando la incertidumbre sobre el futuro.

Esta situación es precisamente lo contrario a lo que el ego desea. Sin embargo, es esta misma contradicción la que confiere a la enfermedad y la discapacidad un potencial transformador a nivel espiritual. Estas experiencias pueden convertirnos de seres dominados por el ego a individuos que se rinden y viven el momento presente. En esta entrega, descubrimos nuestra verdadera esencia.

Como muchos habrán observado, es difícil reconocer nuestra naturaleza divina y vivir de acuerdo a ella mientras estamos completamente inmersos en el mundo y sus actividades, especialmente cuando la mayoría está identificada con el ego, luchando por lo que el ego desea y compitiendo en la sociedad.

No hay nada incorrecto en vivir de esta manera; para la mayoría de las almas en la Tierra, identificarse con el ego y seguir sus deseos es apropiado. Sin embargo, llega un momento en el desarrollo espiritual en que todos debemos despertar del ego. La enfermedad o discapacidad es una de las maneras más efectivas para que el alma pase de la identificación con el ego a vivir plenamente en el presente.

Sé que puede sonar sorprendente, pero pasar de identificarnos con el ego a despertar a nuestra verdadera esencia puede ser un cambio profundo que muchas personas han logrado a través de las limitaciones impuestas por enfermedades o discapacidades. Estas situaciones pueden parecerse a un retiro espiritual prolongado, donde la interacción con el mundo y nuestros pensamientos habituales se ve interrumpida.

Las enfermedades y discapacidades nos ofrecen lecciones que, de otra manera, sería imposible aprender, incluso en un retiro espiritual. Para nuestra alma, estos desafíos representan oportunidades excepcionales para crecer de manera rápida y efectiva en diversos aspectos, especialmente en compasión, pero también en paciencia, fortaleza interior, valentía, perseverancia y humildad. Estas experiencias son ejemplos claros de lo que se entiende por crecimiento espiritual.

Cada alma está llamada a desarrollar estas cualidades antes de avanzar más allá de la tercera dimensión. Por esta razón, nos encontramos eligiendo enfrentarnos a enfermedades y discapacidades una y otra vez, en diferentes vidas, para evolucionar en estos aspectos. Aprender estas lecciones no se limita a una única existencia; por ello, nuestras almas experimentan numerosas situaciones de enfermedad y discapacidad, a veces incluso varias en una sola vida.

Si actualmente estás atravesando una enfermedad, dolencia o limitación física, es útil considerar que esta experiencia es la adecuada para ti, elegida por tu alma para crecer en maneras que no serían posibles de otra forma. Es probable también que detrás de esta experiencia exista alguna herida emocional. El crecimiento espiritual y emocional suelen estar profundamente interconectados.

Las heridas emocionales que desembocan en enfermedades también son, en muchos casos, decisiones del alma. Esta puede optar por nacer en un entorno que prevea negligencia o abuso, con el objetivo de crecer espiritualmente o cumplir con su propósito de vida, o ambos. Por ejemplo, si el propósito de vida de alguien es sanar o servir compasivamente, es probable que haya experimentado una herida temprana que necesite sanar primero.

Un propósito de vida enfocado en la sanación o el servicio implica, casi siempre, enfrentar una herida inicial que motiva la necesidad de autocuración. Si tu propósito está relacionado con sanar trastornos alimenticios, por ejemplo, tu alma puede haber elegido un entorno que te predisponga a sufrirlos. Esta herida inicial impulsa tu propósito de vida. Así, incluso las heridas emocionales, que pueden derivar o no en problemas físicos, suelen ser una elección del alma para fomentar el crecimiento espiritual de la persona o para ayudarla a cumplir con su propósito de vida.

Tus heridas no son tu culpa, ni lo son tus enfermedades o discapacidades. Han sido elegidas o diseñadas por tu alma para proporcionarte precisamente las experiencias que estás viviendo, con un propósito mayor para tu evolución. Incluso si tus problemas físicos se deben, por ejemplo, a comer en exceso, la lucha contra esta tendencia no es culpa tuya. Existe una razón emocional, sea de esta vida o de otra, detrás de este comportamiento. Estás aquí para identificar, revelar y sanar esa herida, y posiblemente, ayudar a otros a sanar heridas similares, ya sea en esta vida o en futuras.

Los años o vidas dedicados a lidiar con enfermedades o discapacidades no son un desperdicio, como podría pensar el ego, sino experiencias valiosas que pueden impulsar significativamente la evolución del alma. Aquellos que eligen estas experiencias suelen estar en un camino de rápida evolución. Y, en la mayoría de los casos, optar por evolucionar rápidamente de esta manera es una elección consciente, no una imposición.

Las enfermedades y discapacidades extremadamente difíciles son casi siempre la elección de un alma avanzada y fuerte, buscando crecer exponencialmente. Aunque el individuo pueda sentirse inferior o víctima debido a estas experiencias, en realidad representan una elección valiente y heroica por parte del alma, hecha en general para evolucionar rápidamente y adquirir empatía y otras capacidades necesarias para servir a otros en vidas futuras.

Sentirse culpable, menospreciarse o estar afligido por un desafío físico solo retrasaría nuestro avance espiritual. La autocompasión, la baja autoestima o cualquier otro sentimiento negativo que el ego pueda generar bajo estas circunstancias son los obstáculos que debemos superar para obtener las recompensas espirituales de tal elección.

A una persona con menos experiencia, que no puede ver más allá de la perspectiva del ego y convertir los obstáculos en oportunidades, se le sugeriría no enfrentarse a tal desafío. Existen numerosas opciones menos arduas por las cuales empezar a cultivar la fortaleza interna y la compasión necesarias para enfrentarse a desafíos mayores. Optamos por retos que nos desafían pero no nos sobrepasan. Aunque, ocasionalmente, alguien puede asumir más de lo que puede manejar, esto suele ser la excepción y generalmente ocurre por no atender los consejos de mentores o guías.

Existen numerosos ejemplos de personas con discapacidades que se convierten en abanderados o héroes para otros en situaciones similares, gracias a su fortaleza interna y a su habilidad para superar, mental y emocionalmente, sus limitaciones, si no físicamente. En ocasiones, una perseverancia excepcional y la fe en uno mismo pueden vencer una discapacidad, como en casos donde no se espera que alguien vuelva a caminar, pero lo logra tras extensas horas de rehabilitación intensiva.

Esos individuos se convierten en fuente de inspiración para otros en similares circunstancias. Representan ejemplos de superación personal y de éxitos alcanzables, incluso bajo esas condiciones. Lograr tales proezas demanda una inmensa fortaleza interna, paciencia, coraje, confianza y una actitud positiva, cualidades que se fortalecen en el alma mediante tales experiencias. Un alma ya fuerte en estos aspectos puede optar por enfrentar un desafío físico para intensificar su fortaleza y servir de ejemplo a los demás.

También es posible que un alma elija un desafío físico tras haber pasado muchas vidas desarrollando su fuerza física y habilidades atléticas. Las almas perfeccionan talentos específicos al practicar repetidamente ciertas destrezas a lo largo de diversas vidas, lo que puede derivar en habilidades excepcionales. No obstante, esta dedicación exclusiva puede resultar en una carencia de desarrollo en otras áreas, como la compasión, la sensibilidad hacia los demás o la empatía. Cuando algo nos resulta fácil porque lo hemos practicado durante vidas, podemos tender a subestimar a quienes no comparten el mismo talento. En otras palabras, el ego puede tomar control y hacer que alguien se sienta especial o superior a los demás.

En estos casos, especialmente si los talentos han sido físicos, el alma puede escoger una vida con desafíos físicos para fomentar la empatía y la humildad. Vivir dependiendo físicamente de otros sería una manera bastante directa de equilibrar esto, aunque existen muchas otras formas.

La idea es que el alma toma decisiones pensando no solo en su propio bien, sino en el bien del Todo. El alma busca que nos convirtamos en la mejor versión de nosotros mismos, que cultivemos el mejor carácter, no necesariamente los mejores talentos. Ese es el propósito de la vida: convertirse en una persona íntegra, y todos comprendemos a qué nos referimos con esto. Los desafíos físicos son una oportunidad para desarrollar las cualidades de nuestro ser divino.

¿Qué sucede cuando nos enfermamos o nos convertimos repentinamente en personas con discapacidad? He mencionado que esto es una tragedia para el ego, pero representa una magnífica oportunidad para el alma. La enfermedad o discapacidad elimina el futuro que el ego había imaginado para sí mismo, lo cual siempre fue una ilusión, pero, aun así, esto duele al ego. Creíamos tener el control de nuestra vida y de repente descubrimos que no es así.

Es una bendición, ya que nos motiva a buscar respuestas a preguntas profundas: "¿Qué significa no tener control sobre mi vida? ¿Es obra de un ser superior? ¿Existe tal ser? ¿Por qué me ocurre esto? ¿Cómo enfrento este dolor?". Cuando el ego falla en su orientación y se muestra incapaz de responder nuestras dudas, buscamos respuestas en otros lugares. Los problemas físicos también despiertan interrogantes fundamentales sobre la vida: "¿Por qué a mí? ¿Por qué esto?". Y así, uno puede sumergirse en la autocompasión y el victimismo del ego o transformarse en un buscador de la Verdad.

Este tipo de dolor e incertidumbre, provocados por la enfermedad o discapacidad, son razones clave por las que muchas personas se inician o retoman el camino espiritual.

La enfermedad y la discapacidad prolongadas actúan como catalizadores del crecimiento espiritual. El sufrimiento inducido por el ego bajo estas circunstancias lleva a las personas a buscar la verdad sobre cómo ser felices, cómo encontrar la paz, cómo aceptar sus circunstancias y, más importante aún, cómo encontrar la curación.

El camino hacia la sanación es intrincado, especialmente en una era donde predomina una visión médica o científica de la salud. Esta perspectiva se enfoca más en aliviar síntomas que en tratar a la persona de manera integral, sin profundizar en las causas emocionales o espirituales subyacentes. En muchos casos, estos problemas radican en la alimentación, aunque raramente se examinan las razones detrás de nuestros hábitos alimenticios.

Modificar nuestra dieta presenta desafíos si no abordamos el tema de la alimentación emocional. Nos encontramos comiendo de más o eligiendo alimentos poco saludables por diversas razones. A menudo, este patrón surge como respuesta a experiencias pasadas de escasez o como un hábito formado en la niñez. La adicción a ciertos alimentos, como el azúcar, también juega un papel crucial.

Detrás de estos comportamientos, suele haber un componente emocional: comemos para premiarnos, buscar felicidad, aliviar el estrés, o evitar enfrentar nuestros verdaderos sentimientos. Este ciclo de alimentación poco saludable puede llevar al cuerpo a un estado de desequilibrio.

La voz del ego, esa narrativa interna, nos empuja a seguir patrones perjudiciales, como comer por placer o suprimir emociones en lugar de procesarlas adecuadamente. Nos hemos acostumbrado tanto a esta voz que raramente cuestionamos su autoridad, perpetuando un ciclo de vida desequilibrado y, a menudo, insatisfactorio.

No obstante, al dejar de prestar atención a esta voz interna, descubrimos un equilibrio vital que incluye descanso, ejercicio, alimentación saludable y tiempo para lo que verdaderamente importa. Nuestro ser divino conoce el camino hacia una vida plena, guiándonos hacia actividades que nos revitalizan, como disfrutar de la naturaleza.

Las enfermedades y discapacidades físicas juegan un rol crucial en la evolución del alma, impulsando el crecimiento a través de la interdependencia con los demás. Existen diversas razones por las cuales uno puede experimentar la dependencia, y es en este camino donde se forjan importantes cualidades espirituales una vez que se abraza la dependencia y se trasciende cualquier sensación de ser víctima.

Aceptar nuestra situación es el primer paso y el más fundamental, ya que el florecimiento de nuestras verdaderas cualidades depende de esta aceptación. La compasión y la empatía surgen como cualidades evidentes derivadas de la dependencia, sin ser las únicas. Quienes necesitan asistencia por enfermedad o discapacidad deben aprender a solicitar y aceptar ayuda, lo cual representa un desafío para aquellos acostumbrados a una vida de independencia y autosuficiencia.

El arte de recibir es, en esencia, una lección sobre el amor. Nuestra interacción inicial y más básica, la que tenemos con nuestra madre, es de recibir. Si esta relación se ve afectada, aceptar amor y apoyo de otros puede resultar complicado, lo que a su vez dificulta nuestras relaciones y nuestra conexión con lo divino, así como la recepción de amor y guía de seres en planos superiores.

Aceptar amor o asistencia implica confiar lo suficiente en alguien para permitirle entrar en nuestra vida. Al aceptar la ayuda de otra persona, establecemos una relación que se convierte en una oportunidad para aprender a amar, incluso a personas que, bajo otras circunstancias, quizás no elegiríamos amar.

La dependencia física genera un lazo único, y depende de nosotros que este lazo se base en amor y gratitud, o en vergüenza y resentimiento. La forma en que nos relacionamos con quienes nos cuidan es una elección: ¿Optamos por el amor, o dejamos que el resentimiento y la vergüenza dominen? ¿Somos agradecidos o proyectamos nuestro dolor hacia los demás?

Las relaciones con quienes nos brindan cuidado son complejas, pero frecuentemente se convierten en los lazos más significativos. No es inusual que almas en estas circunstancias decidan fortalecer su vínculo de amor en vidas futuras, convirtiéndose en familia.

Una vez que se desarrollan la compasión y la empatía, surge el deseo de servir a los demás. Muchas almas experimentan varias vidas de dependencia antes de elegir caminos de servicio hacia quienes también dependen de otros, como personas con discapacidades, enfermedades mentales o niños, o se dedican a servir de otras maneras. El propósito de servir, en muchas ocasiones, define nuestras vidas futuras, aunque algunas almas también encuentran satisfacción en el servicio durante vidas anteriores.

Servir a los demás implica aprender a hacerlo de manera equilibrada, sin agotarnos ni desmotivarnos, y evitando generar dependencia. Es clave saber cuándo ofrecer ayuda directa y cuándo motivar a la persona a que se ayude a sí misma.

La humildad es otra virtud esencial que se cultiva en situaciones de dependencia, pobreza, sumisión u opresión. Se trata de un proceso en el que el ego, con sus deseos de atención, poder, dinero o fama, se ve confrontado y minimizado. Este aprendizaje muestra que hay algo más importante que nuestros deseos personales: la verdad. Experiencias donde el ego logra satisfacer sus anhelos pueden conducir a la arrogancia y necesitan ser equilibradas con vivencias humildes.

Estas situaciones de dependencia son a menudo escogidas por el alma para desarrollar la humildad necesaria para lograr grandes cosas sin caer en el orgullo o el egoísmo. Al final, comprendemos que nuestros logros son, en realidad, manifestaciones de la voluntad divina, alcanzadas con la ayuda de la Gracia, más allá de nuestro mérito individual.

Es importante entender que ninguna experiencia vivida es un castigo. Las circunstancias humildes no son una retribución por el orgullo previo, sino un balance necesario en el viaje del alma, que no distingue entre experiencias humillantes o exaltantes. El juicio es una reacción del ego, no del alma o de las fuerzas superiores.

Las experiencias, sean positivas o negativas, no definen quiénes somos; simplemente nos equiparan con los demás. El ego crea historias de autocompasión o culpa que nos alejan de la verdad: a pesar de las dificultades, es posible encontrar la felicidad y crecer como seres humanos. Nuestra alma elige estas experiencias por razones profundas y valiosas.

Todos vivimos una amplia gama de experiencias a lo largo de nuestras vidas, cumpliendo con un "plan de estudios" universal que incluye ser tanto víctima como victimario, rico y pobre, poderoso y humilde. Estos roles son necesarios para el aprendizaje y el crecimiento de nuestra alma, que es amada y valorada más allá de las elecciones que hagamos.

Si nos encontramos atravesando momentos de adversidad o enfrentando limitaciones físicas, ello constituye la vivencia adecuada en este instante, y debemos avanzar para maximizar el crecimiento de nuestra alma a partir de esta experiencia. ¿Cómo logramos esto? Reuniendo todas nuestras virtudes, ya que es a través de su práctica como estas se fortalecen. Para evolucionar hacia la mejor versión de nosotros mismos, es esencial cultivar cualidades opuestas a las del ego. Debemos ser humildes, tolerantes, compasivos, sensibles, amables, gentiles, pacientes, perseverantes, fuertes y amorosos.

El propósito de nuestra presencia en la Tierra es encarnar estos valores, más allá de los deseos del ego.

Existen vidas destinadas a experimentar lo que el ego anhela, pues incluso estas vivencias aportan lecciones valiosas para el alma. Asimismo, hay periodos enfocados en el desarrollo de las cualidades de nuestro ser divino, especialmente durante momentos de enfermedad o discapacidad significativa. Entender esto nos facilita aceptar nuestras circunstancias, abriendo el camino hacia el crecimiento y la transformación espiritual.

Las experiencias de enfermedad y discapacidad, pese a ser retadoras, tienen un propósito profundo, y los dones que emergen de ellas, así como las recompensas de estos dones, son invaluables. ¿Podemos percibir nuestra enfermedad o discapacidad como una bendición y un regalo?

Muchas personas en estas circunstancias han logrado ver su situación bajo esta luz. Esto es factible, y si estamos lidiando con problemas de salud, ese es nuestro reto. Transformar la amargura, la autocompasión, la sensación de victimismo, el resentimiento o la ira en aceptación, humildad, amor, compasión, paciencia, perseverancia y fortaleza constituye la verdadera sanación.

La sanación no siempre implica una recuperación física inmediata. A menudo, lo que necesita sanarse primero es el corazón y la mente. Esto significa que puede ser necesario un cambio interno antes de que la sanación física que deseamos se manifieste. Los desafíos de la vida están diseñados para transformarnos; de lo contrario, no serían necesarios.

Por lo tanto, cualquier desafío que enfrentemos es justo y meritorio. Es la experiencia adecuada, y resulta útil adoptar esta perspectiva. Este entendimiento es el primer paso hacia la sanación: reconocer que nosotros (y los demás) estamos viviendo la experiencia apropiada. Esto nos permitirá recibir con mayor apertura la ayuda que nos llega desde dimensiones superiores.

Cuando pedimos ayuda en oración, se nos asistirá para modificar cualquier creencia errónea que pueda estar contribuyendo a nuestras dificultades y sufrimientos, transformando así nuestro estado emocional. Esto, a su vez, puede aliviar cualquier padecimiento físico.

Estamos en proceso de transmutar aquello que todos los seres humanos deben aprender a transmutar. Nuestra tarea en esta vida es adoptar creencias alineadas con el amor, que guíen nuestras acciones hacia el mismo. Aprender a amar es la lección de todas nuestras encarnaciones. Todos debemos emprender este camino de transmutación de la negatividad hacia emociones positivas como el amor, la alegría, la compasión, la paz, el coraje y la paciencia.

Si no estamos listos para este proceso de transmutación, está bien. Podemos tomarnos el tiempo necesario para comprender que somos amor, pues en ello radica toda sanación. Las dolencias físicas, y en realidad cualquier aflicción, surgen de la necesidad de transformar algo en nuestro interior que limita nuestra capacidad de experimentarnos a nosotros mismos como amor. Oremos para que nos asistan en esta transmutación, y al final, se manifestará algún tipo de sanación.

La sanación puede no presentarse como la esperamos y puede requerir tiempo. Sin embargo, al orar sinceramente por sanación, recibiremos la ayuda necesaria para transformarnos. Esto nos permitirá aliviar nuestros problemas físicos o vivir con ellos de una manera más llevadera, ya que habrá ocurrido un cambio interno. Esta transformación interna es precisamente lo que nuestra alma busca lograr a través de las limitaciones que experimentamos.

Por lo tanto, orar exclusivamente por una sanación física quizás no sea la petición más acertada, aunque está bien hacerlo. Pero es crucial también orar por aprender aquello que nuestra alma desea profundamente entender de esta experiencia. Oremos por transformación, por fuerza interior, por aceptación, por comprensión, por paciencia. Oremos por sanar nuestras tendencias egoístas. Oremos por aprender a ser felices dentro de nuestras circunstancias. Así, estemos físicamente sanados o no, ello dejará de tener importancia.

Cómo transitar desde la resistencia y el descontento hacia la aceptación y el crecimiento personal es una cuestión que nos involucra a todos. Iniciar este camino con la oración es esencial, y mientras nosotros desde planos superiores hacemos nuestra parte, tú también debes hacer la tuya. Este proceso implica un profundo autoexamen de aquello que te repites y que contribuye a tu insatisfacción.

Enfrentar problemas físicos sin duda hace más complejo sentirse satisfecho con la situación actual. No obstante, más que pedirte contentamiento, te invito a reflexionar sobre cómo tus pensamientos obstaculizan la aceptación de tu realidad y el avanzar de la mejor manera posible.

Considera cómo tus pensamientos minan tu felicidad, te infunden temor o te hacen sentir en falta o víctima de las circunstancias. Liberarte de esos sentimientos innecesarios facilitará enormemente la aceptación de tu situación.

La voz interna suele complicar todas las situaciones, generando sensaciones de problemas o carencias. Esta voz, producto de la mente egoísta, representa el desafío principal en la experiencia humana. Superar esta voz es esencial para aliviar el sufrimiento, aunque pueda parecer una tarea descomunal. Te invito a cuestionar y no creer ciegamente en tus pensamientos.

La transición de creer en esa voz interna a dudar de ella tiene como método más eficaz la meditación, que será abordada en detalle en el siguiente capítulo. La meditación y la indagación personal son herramientas clave para desconectar el poder de esa voz interna, al hacerte consciente de que muchos de tus sufrimientos se originan en medias verdades y mentiras que te repites.

Una vez que identificas una mentira, pierde su poder sobre ti. El desafío está en ser consciente de tus pensamientos para poder discernir su veracidad. La meditación es una práctica excelente para desarrollar esta conciencia, aunque cualquier persona motivada puede lograrlo prestando atención a sus pensamientos durante el día o en momentos de quietud.

Hazte consciente de tus pensamientos y observa quién o qué los nota. Este ejercicio de autoobservación es crucial para comenzar a dejar de identificarte con los pensamientos automáticos y reconocer la existencia de un observador de esos pensamientos, más allá del pensador. Este proceso de toma de conciencia es un paso fundamental hacia la liberación del sufrimiento.

La revelación que te espera puede resultar inesperada al descubrir que somos nosotros quienes percibimos los pensamientos y que aquello que consideramos el pensador no es más que una concepción de nosotros mismos como seres pensantes. Los pensamientos que fluyen por nuestra mente son experimentados por nosotros, sin embargo, si lo analizamos detenidamente, notaremos que no fuimos nosotros quienes los generamos deliberadamente. Emergen espontáneamente. ¿De dónde provienen? De lo más profundo de nuestra mente inconsciente, el reservorio de todas nuestras programaciones previas.

Nuestra mente egoísta, está formada por programas almacenados en la mente inconsciente, desencadenándose en una corriente continua de pensamientos en nuestra mente consciente. Estos pensamientos no son más que programaciones, ideas preconcebidas que se liberan aleatoriamente, llevándonos a identificarnos con ellas y a creer erróneamente que son propias.

Los pensamientos que conforman esta voz interna no nos pertenecen realmente; son pensamientos colectivos, heredados de nuestros ancestros, familiares, y de aquellos que nos rodeaban en nuestra infancia, así como de las creencias predominantes en la sociedad actual.

Nuestra mente inconsciente actúa como una esponja, absorbiendo creencias transmitidas por diversas fuentes y experiencias personales, muchas de las cuales pueden basarse en conclusiones equivocadas. La voz que escuchamos en nuestra cabeza es el resultado de acumular todas estas creencias a lo largo del tiempo, permaneciendo en nuestra mente inconsciente y en las de aquellos a nuestro alrededor.

Entre estas creencias, algunas pueden contener verdades parciales o ser ocasionalmente acertadas, mientras que otras son completamente falsas. Sin embargo, dado que emergen en nuestra mente, tendemos a aceptarlas sin cuestionar, confundiéndolas con nuestras propias convicciones. Este falso yo se construye a partir de creencias que asumimos como propias sin fundamento. No me refiero a los hechos objetivos, sino a las historias y medias verdades que nuestra mente nos narra sobre nosotros mismos, los demás, la vida y lo divino.

La voz en nuestra cabeza no causaría problemas ni sufrimiento si fuera sabia, útil y veraz. Sin embargo, la realidad es que perpetúa el sufrimiento humano a lo largo de la historia. Estas creencias son las causantes del dolor humano, y hasta que no reconozcamos su falsedad, seguirán generando sufrimiento, perpetuándose en nosotros y transmitiéndose a otros.

El despertar espiritual implica darse cuenta de la ilusión y los engaños perpetuados por las historias y medias verdades que componen nuestra voz interna. Escapar de este engaño colectivo y del sufrimiento que provoca mantener creencias erróneas significa reconocer que la mayoría de nuestras creencias sobre nosotros mismos, la vida y lo divino son inexactas. Requiere humildad para admitir nuestros errores en las creencias que hemos sostenido.

Reconocer la verdad sobre esta voz interna es complicado, especialmente cuando aquellos a nuestro alrededor también están engañados. La mayoría no es consciente de que son sus propios pensamientos los que generan su sufrimiento.

Esta idea puede parecer radical para muchos, pero es crucial que más personas comiencen a comprenderlo ahora. La humanidad necesita despertar y razonar antes de causar más daño entre sí y al planeta. Elevar nuestra conciencia implica ver la verdad sobre nuestros pensamientos y aprender a desapegarnos de ellos para evitar que nos afecten negativamente. Existe otra forma de vivir, y si estás leyendo o escuchando esto, es porque estás listo para experimentar esta nueva manera de vivir, donde la meditación se convierte en una herramienta clave en tu transformación. Pero aún hay más...

Canalización Espiritual

En el universo de la sanación espiritual, existe un método sumamente beneficioso y accesible para quienes lo soliciten: las canalizaciones. Esta práctica, ha jugado un papel crucial en diversas tradiciones espirituales para ampliar la conciencia humana.

Históricamente, aquellos que han logrado un avanzado desarrollo espiritual naturalmente irradian y canalizan energías superiores hacia individuos dispuestos y receptivos. Si bien es posible que ciertas energías negativas interfieran en este proceso, la mayoría de las personas que se abren a estas energías las experimentan positivamente, obteniendo innumerables beneficios, aunque no todas las canalizaciones se traduzcan en curaciones físicas.

Este fenómeno se ha manifestado alrededor de maestros espirituales, gurús y seres iluminados a lo largo de la historia. Dichas figuras, que usualmente se encuentran en un estado de conciencia elevada, tienden a incrementar la vibración energética de quienes les rodean, un efecto que se intensifica cuando la canalización de estas energías elevadas se realiza de manera intencional hacia quienes buscan la iluminación y están abiertos a recibirla.

La canalización es un hecho comprobado, observado repetidamente a lo largo de los años. Su previsibilidad y consistencia en los resultados la convierten en una realidad tangible, que podría incluso medirse con los instrumentos adecuados. Los impactos de las canalizaciones varían según las intenciones de quien las emite y de quien las recibe. Los sanadores, por ejemplo, sintonizan con seres no físicos especializados en la curación física, mientras que los maestros espirituales se enfocan en elevar la conciencia con la ayuda de entidades especializadas en este ámbito.

Es importante reconocer que todos contamos con guías espirituales asignados que nos asisten en nuestras labores, ya sea en la sanación, la enseñanza o cualquier otro campo. En esencia, ninguna acción es meramente individual; todo lo que creamos, descubrimos o canalizamos es una expresión del Divino a través nuestro. Recuerda que nunca estás solo; siempre cuentas con el apoyo de seres invisibles de otros planos que desean tu felicidad y realización, y están dispuestos a ofrecerte su ayuda, siempre que estés abierto a recibirla.

Abrirse a esta asistencia es una lección crucial en nuestro camino espiritual. La confianza en la existencia y disponibilidad de estas fuerzas no físicas es fundamental para poder aprovechar al máximo su apoyo. Con esta confianza y apertura, tu vida puede fluir con mayor facilidad y plenitud. Si bien es cierto que no toda información canalizada es confiable, no permitas que esto te cierre a la posibilidad de conectar con seres de dimensiones superiores que buscan asistirte en tu evolución espiritual a través de las canalizaciones y otros métodos.

Si las enseñanzas que recibes te invitan a la relajación y te permiten experimentar amor, alegría y paz, entonces estarás en presencia de la Verdad. La verdad ejerce un impacto positivo en nosotros a varios niveles: energético, emocional, físico mediante la relajación, y espiritual al elevarnos hacia estados más amorosos y tranquilos. Así es como reconocemos la verdad. Si las palabras de un guía espiritual no generan este efecto, probablemente esa información no sea necesaria para nosotros, pues muchos mensajes espirituales son superfluos y no comprobables, sin aportar mejoras reales a nuestra vida, alimentando solo la imaginación.

"La verdad te hará libre", mientras que las falsedades nos atrapan en la confusión, la duda, el miedo y otros estados negativos, o simplemente nos hacen divagar mentalmente. Esto indica que hemos caído en las trampas de nuestra mente egocéntrica o en la de otros, y que no necesitamos aferrarnos a esos pensamientos o creencias. Esto debe servirnos como orientación.

El objetivo principal y el efecto más notorio de las canalizaciones es elevar nuestra conciencia o vibración. Esto significa que nos modifican, primero temporalmente y luego de manera más permanente, desde un estado de conciencia egocéntrico hacia la Presencia, nuestro estado natural. Nos trasladan de la identificación con nuestro falso yo a nuestro yo divino, y del sufrimiento humano a la paz y el amor, que son nuestro estado natural.

El estado natural es aquel en el que estamos destinados a funcionar, caracterizado por una aceptación de la vida tal como es y un fluir sin resistencias ni quejas. Despertar implica un cambio más permanente hacia este estado natural, lo cual es el propósito de las canalizaciones.

Estas se logran infundiendo en nosotros una vibración energética superior, conocida por mí y muchos otros como la Conciencia Crística, la conciencia del iluminado. Durante y después de una canalización, podemos ser elevados a este nivel de conciencia, experimentando períodos de Conciencia Crística. Este proceso, si se le da cabida, continuará creciendo en nuestra vida.

La Conciencia Crística es en realidad una experiencia muy ordinaria, que incluye quietud, paz, compasión, aceptación, satisfacción y amor. Se siente como una elevación, expansión, ligereza y una sutil alegría. Esta conciencia ya reside en nosotros, aunque quizás no la experimentemos hasta que sea activada por alguien en este estado, ya sea una persona o un ser no físico.

El proceso de encarnar la Conciencia Crística inicia con una muestra de esta a través de la canalización, permitiéndonos acceder cada vez más a este estado por nosotros mismos. Convertirse en alguien capaz de mantenerse en este estado es el objetivo del camino espiritual.

Además, las canalizaciones ayudan a sanar viejas heridas emocionales y otros patrones limitantes. Seres de dimensiones superiores nos asisten en liberar miedos, emociones reprimidas, autopercepciones negativas, creencias erróneas y otros condicionamientos que nos atan al estado de conciencia egocéntrico. Durante o después de una canalización, es común experimentar un llanto liberador, señal de que se están liberando emociones y que el corazón se está abriendo, llenándose de amor o devoción. Son lágrimas beneficiosas, de limpieza y elevación espiritual.

La experiencia de sentir una inusitada ligereza de ser es uno de los cambios más significativos y duraderos que podemos experimentar. Es como liberarse de antiguas ataduras, dejando atrás viejas imágenes e ideas, y abrazar un renacer donde todo se percibe renovado, fresco y repleto de posibilidades. Nos encontramos en este estado liberados de las cadenas del ego, riendo más, disfrutando de la vida, siendo más juguetones y tomando las cosas y a las personas con menos severidad. Lo que antes nos perturbaba, ahora pierde su peso, disminuyendo su impacto en nosotros.

Esta sensación de aligeramiento es lo que muchas personas buscan en su camino espiritual: una disminución de la pesadez que a veces conlleva la existencia humana, la capacidad de ver el lado positivo de las cosas, amar la vida, sentirse bien y en armonía con ella. Los procesos espirituales nos conducen hacia este estado, y las canalizaciones lo potencian de manera exponencial, representando un regalo y una bendición en el aceleramiento de nuestro crecimiento espiritual, requiriendo únicamente de nuestra apertura y disposición para recibir lo que siempre ha estado a nuestro alcance.

Las curaciones físicas pueden ser un resultado adicional de estas canalizaciones, especialmente si están enfocadas específicamente en ello. Si bien siempre es posible solicitar una sanación física, lo que recibamos estará alineado con nuestro mayor bien, que no siempre coincide con nuestras expectativas inmediatas. La enfermedad y la discapacidad pueden ser catalizadores de crecimiento espiritual, ofreciendo lecciones que de otra forma no aprenderíamos, o al menos no con la misma eficacia. A veces, la adversidad física nos abre caminos hacia mayores descubrimientos espirituales, sacándonos de la monotonía y motivándonos a profundizar en nuestro ser espiritual.

Aunque las sanaciones instantáneas pueden ocurrir, lo más común es que estas canalizaciones nos brinden intuiciones o guías que faciliten nuestra sanación, mostrándonos lo que necesitamos aprender de nuestra condición. A menudo, se requiere un cambio interno antes de que la dificultad física pueda ser aliviada, y las canalizaciones son una ayuda en este proceso.

Conectarnos con nuestra fuente, con el amor, la paz y la bondad, es elevarnos. Esta conexión es gratificante y benéfica, ya que sentirse conectado es en sí mismo un bienestar. La realidad es que estamos íntimamente ligados a todo lo que existe, tanto en el plano físico como más allá, porque todo emerge de una misma fuente. La divinidad vive en nosotros y en toda expresión de vida. Anhelamos esta conexión profunda, y las canalizaciones la facilitan.

En cuanto a los riesgos que las canalizaciones puedan presentar, es cierto que, como muchas herramientas o prácticas, tienen sus peligros. Sin embargo, lo que determina su riesgo es la dificultad de conectar con seres de dimensiones superiores. La evolución espiritual y la pureza de quien canaliza son cruciales, ya que de ello depende la calidad y el nivel de energía que pueden compartir. Sin un adecuado despertar espiritual o iluminación, la canalización de niveles superiores de conciencia podría no ser consistente ni poderosa.

Si quienes actúan como canales no están suficientemente avanzados o purificados, pueden conectarse con entidades cuyas intenciones no sean beneficiosas, lo que puede llevar a experiencias negativas. La presencia de energías adversas puede manifestarse a través de psíquicos, canales, sanadores y maestros espirituales no suficientemente desarrollados o motivados por deseos egoístas. Recibir una canalización de tales individuos podría resultar en malestar o intranquilidad, estados que podrían perdurar.

Y lo que es más importante, las canalizaciones de una fuente negativa pueden remover material inconsciente que no está destinado a ser removido, lo que puede ser difícil de manejar. Hay un momento para todo, y algunas cosas es mejor dejarlas estar. Remover emociones reprimidas antes de tiempo puede causar problemas emocionales. Las canalizaciones de fuentes negativas también pueden activar y desviar la kundalini, la energía que guía el proceso espiritual.

Esto es muy diferente del proceso curativo o espiritual que se pone en marcha durante una canalización de seres de dimensiones superiores, que saben exactamente lo que se necesita y lo que alguien es capaz de manejar y cómo facilitarlo. Una vez que los seres superiores ponen en marcha un proceso, permanecen con esa persona durante todo el proceso. Mucho después de la canalización, permanecen conectados a ellos y continúan trabajando con ellos y apoyándolos durante este proceso lo mejor que pueden.

Esto contrasta con lo que ocurre cuando participan seres inferiores. Pueden poner en marcha un proceso y luego dejarlo desatendido. A menudo no saben lo que están haciendo o no les importa el impacto que están teniendo. Algunos incluso causan daño intencionadamente.

Otro problema que puede surgir si los canales están conectados con seres del bajo astral es el apego a la entidad. Cuando alguien, sin saberlo, se abre a recibir una canalización de un ser del bajo astral, esa persona está invitando a ese ser o seres a habitar su campo energético. Esos seres pueden entonces permanecer cerca de esa persona e influenciarla negativamente a través de la mente. Abrirse a las canalizaciones de quienes no están conectados con seres de dimensiones superiores puede provocar apegos de entidades que perduran y causan problemas emocionales, como odio a uno mismo, rabia, adicciones, depresión u otras enfermedades mentales, o suicidio.

Quiero hacer una distinción entre el daño que pueden causar las canalizaciones en las formas que acabo de describir y la incomodidad o dificultades que son una parte natural de los procesos espirituales que a menudo se ponen en marcha por una canalización de energías superiores. Incluso las canalizaciones beneficiosas pueden dar lugar a síntomas incómodos: somnolencia o insomnio; pereza o letargo; llanto o miedo u otras emociones que afloran; energía que recorre el cuerpo; e inquietud o incapacidad para concentrarse o hacer trabajo mental, por nombrar algunos.

Estos síntomas son comunes y normales durante y después de una canalización y pasarán sin necesidad de hacer nada al respecto. Lo mejor que se puede "hacer" en estos casos es no tener miedo de estos síntomas, relajarse y saber que forman parte de un proceso natural. Estos síntomas son señales de que se están realizando limpiezas y ajustes en el cuerpo energético sutil. Son parte del proceso de sanación, limpieza y elevación de tu vibración y hacen posible que mantengas más luz en tu cuerpo sutil.

Sin embargo, si tienes miedo de este proceso de curación tan natural porque piensas que algo está mal, eso creará un sufrimiento innecesario. Cuando aparecen estos síntomas, es importante no patologizarlos. El proceso espiritual (es decir, el movimiento de la kundalini) es misterioso y a veces incómodo e incluso difícil. Pero si puedes relajarte y confiar en que estos síntomas pasarán y que la experiencia está logrando algo de valor, los síntomas serán más fáciles de soportar.

En general, cuando una canalización procede de seres de dimensiones superiores, la mayoría de las personas experimentan "síntomas" agradables y positivos: elevación, paz, apertura del corazón, un flujo de amor, gratitud, liberación, un cambio de conciencia, una mente tranquila. Estos efectos pueden durar minutos, horas o días. Sean cuales sean los síntomas, son la prueba de que se ha puesto en marcha un proceso espiritual profundo, misterioso e importante.

Para ayudarte a encontrar tu centro, manejar la ansiedad y canalizar tu energía de manera efectiva, te hemos preparado una meditación guiada que ya está disponible en YouTube. La puedes utilizar para relajarte, ayudarte a dormir o emplearla como la herramienta potente que es: un medio para reconectarte contigo mismo y recuperar tu autocontrol, permitiendo que fluya lo que deba fluir. Aquí te dejo el enlace:

https://bit.ly/centrarte

7. Prácticas espirituales

Para La Transformación De La Conciencia Y La Energía

En el camino hacia el despertar espiritual y la conexión con los seres divinos que nos guían, es fundamental adoptar prácticas que nos permitan transformar nuestro estado de conciencia y elevar nuestra vibración energética. A continuación, se presentan técnicas clave para lograr este objetivo, más allá de la meditación diaria, que sirve como base para la higiene espiritual y el entrenamiento mental.

El perdón como herramienta de liberación

El perdón, tanto hacia uno mismo como hacia los demás, es esencial para liberarse de las ataduras del pasado y vivir plenamente en el presente. Al perdonar, nos desligamos de identidades ficticias y narrativas que sostienen al ego ilusorio, permitiéndonos reconocer nuestra verdadera naturaleza divina.

Es importante comprender que revivir mentalmente sucesos negativos o traumáticos del pasado no aporta ningún beneficio. Esta tendencia surge de la parte primitiva de la mente y solo perpetúa el dolor, retrasando el aprendizaje que podemos extraer de esas experiencias. Aunque los recuerdos puedan surgir de forma involuntaria, tenemos la capacidad de elegir no detenernos en ellos. El olvido, en este contexto, forma parte integral del proceso de perdón.

Para facilitar el perdón, es recomendable entregar el pasado a lo Divino, liberándonos del peso de emociones como el arrepentimiento o el resentimiento. Al soltar estas cargas, nos permitimos vivir en amor y paz. Es el momento de confiar en la sabiduría superior y abrazar la libertad que nos corresponde.

La importancia del perdonarse a sí mismo

En el camino espiritual, es natural que en ocasiones no alcancemos nuestros ideales de amor, compasión, paciencia o tolerancia. Podemos caer en conductas negativas como el chisme, la mentira, el juicio o la irritabilidad. Sin embargo, reconocer y aceptar estos fallos nos brinda la oportunidad de comenzar de nuevo, perdonados y listos para seguir avanzando.

El perdón a uno mismo surge de manera natural al reconocer un error. Al aceptar nuestras imperfecciones, nos liberamos del ego y encontramos el camino hacia la autocompasión. Es fundamental recordar que siempre estamos perdonados, pero sin el acto consciente del autoperdón, permanecemos atrapados en patrones egoístas.

Ante la detección de tendencias negativas en uno mismo, se recomienda hacer un esfuerzo consciente por evitarlas. Sin embargo, si se cae en ellas, lo más constructivo es reconocer el error, aceptarlo con compasión, perdonarse y, si es necesario, pedir perdón a los demás. Juzgarse o castigarse solo aumenta la separación de nuestra esencia divina.

Ejercicio práctico de perdón

Para aplicar el perdón de manera concreta, se sugiere seguir los siguientes pasos:

1. Elaborar una lista de las personas que nos han causado dolor o a quienes hemos lastimado.

2. Dedicar un momento a reflexionar sobre cada nombre de la lista y expresar con sinceridad: "Te perdono y me perdono por las formas en que he contribuido a esta situación, consciente o inconscientemente. Si es necesario, solicito tu perdón y me libero de cualquier resentimiento relacionado con este asunto, agradeciéndote por las enseñanzas y el crecimiento compartido."

3. Tomarse el tiempo necesario para realizar este ejercicio, ya que tiene el poder de sanar el pasado. El perdón es un acto de liberación personal y una contribución a la armonía universal.

4. Incorporar esta práctica cada vez que surjan pensamientos de rencor, enfado o la necesidad de disculparse. Luego, soltar todos los pensamientos relacionados con esa persona y lo ocurrido.

5. Integrar una plegaria como la siguiente en el ritual de perdón: "Guíame para soltar y perdonar lo que fue. Estoy listo para sanar y cerrar este capítulo, confiando esta relación a la divinidad. Que esta circunstancia evolucione de manera óptima para el bienestar de todos." Finalizar enviando los mejores deseos y amor hacia la persona en cuestión.

Reflexiones sobre el perdón

Al enfrentarnos al desafío del perdón, es crucial examinar las creencias y suposiciones que nos frenan en este proceso. Algunas preguntas para reflexionar incluyen:

- ¿Considero que perdonar me hace parecer débil o que estoy justificando la acción cometida?

- ¿Me preocupa que el agravio se repita si perdono?

- ¿Creo que perdonar a quien me ha dañado es incorrecto o muestra una excesiva indulgencia que impedirá el aprendizaje del otro?

Por otro lado, es esencial cuestionar el significado de mantener el rencor:

- ¿Pienso que es una forma de ser justo y actuar correctamente?

- ¿Creo que me protege a mí mismo?

- ¿Considero que al no perdonar mantengo el control y demuestro fortaleza?

Es fundamental reconocer que no existen motivos válidos para retener el perdón y que cualquier argumento en contra surge del ego. La incapacidad de perdonar solo conduce a la infelicidad, la división y un aumento de la negatividad, alejándonos de nuestra esencia divina.

Perdonar en las relaciones

En las relaciones, el ego tiende a llevar un registro meticuloso de las heridas, decepciones y expectativas no cumplidas. A medida que esta lista crece, el ego exige compensación a través de demandas, ira o distanciamiento, lo que aumenta el sufrimiento en la pareja y puede provocar reacciones defensivas o distanciamiento por parte del otro. El perdón restablece el equilibrio, permitiendo que ambos miembros de la pareja rompan este ciclo negativo y comiencen de nuevo.

La acumulación de resentimientos y enfado, sin espacio para el perdón, asfixia el amor. Enfocarse en las imperfecciones o errores de la pareja, o en algún incidente en particular, nos atrapa en un torbellino de emociones negativas y nos aleja del amor. El ego, al no ser contrarrestado por el perdón, domina nuestra conciencia, perpetuando el juicio y fomentando aún más la ira y el resentimiento.

Una relación sin la disposición al perdón y al olvido difícilmente prospera, y si lo hace, es bajo un manto de infelicidad. El perdón nos reconecta con nuestro corazón y facilita que los demás hagan lo mismo. Perdonamos porque valoramos más el amor, la paz y la felicidad que nuestra necesidad de tener razón o castigar a alguien. Perdonamos porque es reconfortante y supera la necesidad de sentirnos superiores, enojados, heridos o tristes.

Aunque pueda parecer que perdonar nos convierte en personas sumisas, en realidad, el perdón nos empodera y nos alinea con nuestra esencia divina, sin disminuir nuestra fuerza. El ego debilita nuestro poder con sus emociones negativas, situándonos en un estado de desmotivación, ineficacia, victimización o crueldad. Estas emociones erosionan nuestra felicidad y amor, sin ofrecer nada a cambio. El perdón es un obsequio personal que restaura nuestra alegría, paz y amor, y revive el afecto en nuestras relaciones.

Comprometerse con el perdón implica que perdonar a alguien se convierte en un acto tan sencillo como decidir no revivir ni mencionar los agravios pasados, a menos que contribuya positivamente a la relación. La mayoría de las reflexiones y diálogos sobre el pasado alimentan al ego y su deseo de castigar al otro, de sentirse justificado y superior, o de asumir el papel de mártir o víctima.

Si rememorar o discutir el pasado no beneficia la relación, es decir, no fortalece el vínculo amoroso, es esencial desviar la atención de esos pensamientos hacia algo más constructivo. Con práctica, estos recuerdos surgirán con menos frecuencia y menor intensidad, hasta que eventualmente se disipen por completo. Los sentimientos negativos nunca han contribuido a nuestro bienestar y no deben tener cabida en nuestra vida.

La gratitud como camino hacia la felicidad

La práctica de la gratitud se presenta como una herramienta transformadora y esencial en la búsqueda de la felicidad y el despertar espiritual. Actúa como un antídoto contra la insatisfacción y la sensación de carencia que a menudo cultiva el ego, ese sentimiento persistente de que algo nos falta, no está presente o está errado. La gratitud nos invita a apreciar lo que está ante nosotros, a ver el vaso medio lleno en lugar de medio vacío.

Centrarse en la gratitud significa valorar lo que tenemos aquí y ahora, lo tangible y real, en lugar de lamentarnos por lo que falta o deseamos. Durante el día, es fundamental observar los recursos disponibles, el apoyo que nos rodea, el amor presente, la belleza que nos envuelve y la paz que podemos encontrar. Practicar la gratitud es reconocer y agradecer por estas presencias en nuestra vida.

Además, la gratitud se presenta como un camino efectivo para superar el desánimo, la desesperación y cualquier emoción adversa. Al enfocarnos en aquello por lo que estamos agradecidos, la negatividad se disipa, ya que la gratitud nos conecta con las cualidades positivas de nuestra verdadera esencia, como la alegría, el amor, la paz y la satisfacción. Al alejarnos de la perspectiva del ego, descubrimos el amor, el asombro, la admiración y la gratitud de nuestro verdadero ser por el regalo de la vida, experimentando nuestra existencia como una bendición invaluable.

Incluso en este preciso instante, es posible sentir amor, alegría, paz y gratitud. Es una invitación a detenerse un momento, aquí y ahora, para explorar si es posible vivenciar estos estados positivos, por sutiles que sean. La práctica de esta atención nos ancla en un estado de bienestar y felicidad.

Lo único que podría detenernos de vivir esta práctica es, a menudo, un pensamiento. Si un pensamiento impide dedicar tiempo a sentir gratitud, amor, paz o alegría, es crucial reconocerlo, distanciarnos de él y enfocar nuestra atención en el dulce momento presente, permitiéndonos sentir la felicidad sutil de nuestra verdadera naturaleza.

A través de la práctica de la gratitud, aprendemos a apreciar las pequeñas maravillas cotidianas de la vida, esos regalos que el ego tiende a ignorar. Siempre hay algo por lo que estar agradecidos, independientemente de las circunstancias. Para transitar de la ingratitud a la gratitud, basta con dejar de enfocarnos en las quejas y comenzar a valorar lo que sí nos satisface en la vida.

La gratitud no solo abre el corazón, sino que también facilita el acceso a las demás cualidades de nuestra verdadera esencia. Sentir gratitud es experimentar felicidad, amor y paz. La capacidad de generar estos sentimientos positivos, simplemente al reconocer lo que agradecemos, convierte a la gratitud en una poderosa herramienta de transformación personal.

Dedicar un breve momento al día para reflexionar sobre lo que agradecemos puede cambiar radicalmente nuestra forma de interactuar con el mundo. En lugar de sumergirnos en un mar de pensamientos, podemos elegir centrar nuestra atención en la gratitud, una práctica que promete un camino hacia la felicidad duradera, reemplazando la obsesión egoísta por un profundo agradecimiento.

La práctica de dar amor

Compartir amor es una acción valiosa que podemos realizar cuando no nos sentimos amados o capaces de amar, o en cualquier instante en que nos veamos envueltos en el estado egoísta de conciencia. No importa hacia quién o qué dirigimos nuestro amor. El gesto de compartir amor nos libera de las cadenas del ego. Esta práctica es eficaz porque impide que nos identifiquemos con nuestros pensamientos.

Compartir amor es simplemente decidir enviar amor a alguien o algo y concentrarse en esa intención por un momento. Cada vez que te veas sumergido en tus pensamientos, intenta enviarles amor. Posteriormente, comparte amor con quien esté cerca o lo que te rodee, y esto te conducirá más cerca de tu esencia divina. Por supuesto, siempre puedes compartir amor con aquellos que están lejos o han fallecido. Compartir amor con personas con las que tienes conflictos es especialmente poderoso y sanador. Esto abrirá tu corazón y sanará vuestra relación.

Compartir amor es efectivo porque nos conecta con el amor divino dentro de nosotros, ayudándonos a reconocer que somos amor, merecedores de amor, y que los demás también lo son. En el estado egoísta, no nos sentimos amables porque no nos vemos dignos de amor, y los demás tampoco nos parecen merecedores. Esta sensación indica un corazón cerrado, lo cual impide tanto recibir amor como reconocer el amor de los demás. Compartir amor es el antídoto para este problema.

Una de las ventajas de compartir amor es la sensación de bienestar personal que se genera. Sin embargo, si uno no se ama a sí mismo, resulta complicado mostrar amor por los demás. Es esencial romper este ciclo vicioso, y decidir conscientemente compartir amor puede ser la clave, incluso si al principio no sientes amor al hacerlo.

Cuanto más practiquemos compartir amor, más merecedores nos sentiremos de recibir amor. Y cuanto más dignos de amor nos sintamos, más fácil será para nosotros dar amor. A medida que compartimos más amor, más personas querrán amarnos y apoyarnos de distintas maneras.

Lo que emitimos al mundo, nos es retribuido. Al ofrecer amor, no solo recibimos amor a cambio, sino que también se nos brindan abundantes bendiciones. "Buscad primero el reino de Dios, y todo lo demás vendrá por añadidura". Al dar amor, todo lo demás se nos concederá.

La gente descubre que al dar amor, lo que realmente les proporciona felicidad no es tanto el recibir amor y sus beneficios, sino el propio acto de dar. Este hallazgo es revelador. En el dar reside la verdadera satisfacción y alegría. Contra todo pronóstico, dar es lo que realmente nos hace sentir bien.

El ego, a menudo, nos engaña haciéndonos creer lo contrario de la verdad. Por eso se dice que "la verdad os hará libres", liberándonos de las ataduras del ego.

Para practicar el envío de amor, que aunque puede parecer una técnica esotérica, está al alcance de todos, se deben seguir estos pasos:

1. Piensa en alguien o algo a lo que desees enviar amor, ya sea una persona, una mascota, otro ser vivo, o incluso un objeto.

2. Conéctate con la sensación sutil de amor en tu interior.

3. Fija la intención de enviar amor hacia el objeto de tu atención y mantén esta intención por un momento.

4. Imagina o siente cómo el amor fluye desde ti hacia el destinatario de tu elección durante unos minutos.

El propósito de enviar amor es transformar nuestra propia conciencia y la de los demás. El efecto en nuestra conciencia repercute en nuestro entorno, y enviar amor específicamente a alguien lo impacta directamente. La energía sigue al pensamiento y llega donde deseamos.

Cuando enviamos amor, el receptor lo siente incluso a distancia.

Somos seres de energía y la energía de los demás nos afecta, para bien o para mal, consciente o inconscientemente. Muchas veces, sin querer, transmitimos energías negativas como el miedo o la ira. Sin embargo, es posible dirigir conscientemente la energía del amor hacia los demás para beneficio mutuo.

La práctica budista de desear felicidad a todos es un hermoso ejemplo de cómo el deseo genuino de bienestar para los demás actúa como una oración potente. Este acto nos alinea con nuestro ser divino, promoviendo el amor y elevando a los demás. Se anima a crear y usar oraciones o afirmaciones personales con este fin.

Otras prácticas recomendadas

Además de las técnicas mencionadas anteriormente, existen otras prácticas que pueden contribuir a la transformación de la conciencia y la elevación de la energía:

1. La meditación en la respiración: Enfocarse en la respiración ayuda a aquietar la mente y a conectarse con el momento presente. Se recomienda dedicar al menos 10 minutos diarios a esta práctica.

2. La visualización: Imaginar situaciones o estados deseados, como la paz interior o la sanación, puede ayudar a manifestarlos en la realidad. Es importante acompañar la visualización con sentimientos positivos.

3. La afirmación positiva: Repetir frases afirmativas que refuercen las cualidades y estados deseados puede reprogramar la mente subconsciente y atraer experiencias positivas. Ejemplos de afirmaciones pueden ser "Soy amor", "Estoy en paz", "Soy abundante".

4. El servicio desinteresado: Realizar actos de bondad y generosidad, sin esperar nada a cambio, nos conecta con nuestra esencia divina y nos llena de alegría. Puede ser desde un pequeño gesto hasta un voluntariado organizado.

5. La conexión con la naturaleza: Pasar tiempo en entornos naturales, como parques, bosques o playas, nos ayuda a reconectar con la energía vital del universo y a encontrar serenidad. Se recomienda caminar descalzo sobre la tierra para absorber sus beneficios.

Meditación para conectar con tu yo verdadero

Encuéntrate un lugar cómodo donde puedas relajarte, ya sea sentado o recostado. Permite que tu cuerpo se hunda en la superficie que lo sostiene, liberándote de cualquier tensión o preocupación. Centra tu atención en este momento presente, dejando ir los pensamientos sobre el pasado o el futuro.

Comienza a percibir tu respiración, siguiendo el flujo natural del aire que entra y sale de tus pulmones. No intentes controlarla, simplemente obsérvala con curiosidad y apertura. Siente cómo el oxígeno nutre cada célula de tu cuerpo, llenándote de vitalidad y calma.

Expande ahora tu conciencia a las sensaciones físicas. Nota el contacto de tu piel con la ropa y la superficie donde descansas. Percibe la temperatura del aire a tu alrededor. Escucha los sonidos cercanos y lejanos, sin juzgarlos, sólo recibiéndolos. Haz un escaneo mental de tu cuerpo de pies a cabeza, observando cualquier zona de mayor o menor sensibilidad.

Date cuenta de que quien está percibiendo todo esto es una presencia consciente más allá de tu cuerpo y tu mente. Es tu verdadera esencia, pura y luminosa. No se ve afectada por las circunstancias externas ni los vaivenes de pensamientos y emociones. Simplemente es, aquí y ahora, en este eterno presente.

Imagina que esa presencia consciente es como un vasto cielo azul. Los pensamientos, sensaciones y experiencias que van surgiendo son como nubes que lo atraviesan, sin alterarlo. Algunas nubes pueden ser oscuras y densas, otras blancas y ligeras. Pero el cielo permanece inmutable, acogiendo a todas por igual, sin apego ni rechazo.

Reconoce que ese cielo de consciencia pura es tu verdadera naturaleza. No está limitada a este cuerpo ni a esta mente, sino que es infinita y eterna. Es la misma en todos los seres, animando la vida desde el interior. A veces la llamamos alma, espíritu, o la chispa divina que habita en cada corazón.

Descansa en esa infinitud de tu ser, sabiendo que nada de lo que ocurra puede dañar tu verdadera esencia. Eres esa paz imperturbable, esa plenitud de la existencia expresándose como pura potencialidad. En lo más profundo, no hay separación entre tú y la totalidad de la creación. Eres uno con la fuente misma de la vida.

Permanece unos instantes en silencio, saboreando tu verdadera naturaleza y permitiendo que impregne todo tu ser. (pausa)

Poco a poco, ve trayendo de vuelta tu atención al cuerpo y a la respiración. Mueve suavemente tus manos y pies, tomando consciencia nuevamente del entorno. Cuando te sientas listo, abre los ojos con la mirada fresca de quien reconoce su infinita esencia interior.

Lleva esta claridad y presencia a tu vida cotidiana. Recuerda, en medio de los desafíos y situaciones, que tu ser más profundo permanece inalterable y sereno, lleno de amor y sabiduría. Eres esa conciencia pura experimentándose en forma humana. Abraza tu vida con gratitud y compasión, irradiando la luz de tu alma en este mundo.

Cómo meditar

Entender la meditación implica reconocer no solo la simplicidad de su práctica ni los motivos que nos llevan a ella, sino la importancia de su constancia. La clave reside en la frecuencia con la que nos entregamos a este ejercicio. Meditar esporádicamente, aunque sea durante periodos prolongados, no alcanza a ser tan beneficioso como lo es adoptar esta práctica como un hábito diario.

En este proceso, lo que buscamos es entrenar nuestra mente para que habite un estado diferente al habitual, dejando atrás la conciencia egoísta por una más elevada. Dedicar tiempo cada día a la meditación facilita que este nuevo estado de consciencia se convierta en nuestro predeterminado, siendo este el propósito final de meditar.

Es vital tener claridad sobre nuestros objetivos y valores. Cuando la prioridad se centra en el hacer, el tiempo dedicado a meditar puede percibirse como un lujo o una pérdida. No obstante, esto está lejos de ser cierto. La meditación es una necesidad que potencia la eficacia, eficiencia y disfrute de nuestras acciones, alineándolas con nuestra sabiduría interior en lugar de las distracciones mentales.

Al convertirnos en meditadores regulares, descubrimos que ciertas actividades que consumían nuestro tiempo pasan a un segundo plano. La meditación nos permite discernir y priorizar aquello que verdaderamente nos aporta alegría, reduciendo el tiempo invertido en satisfacer deseos egoístas. En este sentido, alimentar el alma se convierte en nuestra prioridad, transformando nuestra interioridad y, por ende, nuestra vida.

La meditación diaria es crucial para efectuar un cambio duradero en nuestro estado mental hacia la Presencia. Sin esta práctica constante, los cambios necesarios en el cerebro para alcanzar este estado de consciencia serían mucho más lentos o incluso imposibles.

La evolución espiritual puede ser un proceso gradual, pero la meditación, junto con las transmisiones, son herramientas que pueden acelerarlo significativamente.

Para iniciar, es esencial comprender la técnica fundamental de la meditación. Lo más importante es encontrar una posición en la que te sientas extremadamente cómodo para que puedas mantenerla sin moverte durante un largo tiempo. Aunque se suele sugerir mantener una postura erguida, la comodidad prevalece sobre esta recomendación. Por ejemplo, recostarte con un soporte de almohadas en un ángulo de cuarenta y cinco grados o utilizar una silla reclinable facilitará una práctica prolongada y profunda de la meditación.

La meditación, en su esencia, implica centrar nuestra atención en uno o más de los cinco sentidos, lo que da origen a distintos métodos que deberás explorar para hallar el que mejor se ajuste a ti. A continuación, describo algunos de ellos:

Meditación sobre el sonido: Dado que es imposible pensar y escuchar simultáneamente, enfocarse en un sonido específico, como el tintineo de una campana, música, la voz en una meditación guiada, un mantra o incluso los sonidos ambientales, nos ayuda a abandonar el pensamiento y sumergirnos en el presente. Repetir un mantra o una frase que resuene personalmente contigo puede ser poderoso, especialmente si evoca sentimientos de alabanza, gratitud o amor. Sumergirte en los sonidos sin juzgarlos o resistirte a ellos, e incluso prestar atención al silencio que se encuentra entre sonidos, puede profundizar tu práctica meditativa.

Meditación sobre la respiración: Aunque es una de las formas más enseñadas de meditación, no significa que sea la única ni la mejor opción para todos. Consiste en centrar tu atención en las sensaciones de la respiración, observando cómo el aire entra y sale, y el movimiento rítmico del cuerpo sin modificar tu patrón respiratorio. Si tu mente se distrae, simplemente redirige tu atención hacia la experiencia de respirar. Experimentar con la profundidad y ritmo de tu respiración también puede tener un efecto calmante en tu mente.

Meditación caminando: Ideal para quienes prefieren el movimiento a la quietud, esta práctica implica enfocarse en las sensaciones físicas de caminar. Actividades como el Tai Chi, el Chi Gong y ciertas prácticas de yoga que se enfocan en la conciencia corporal pueden ser consideradas formas de meditación caminando, adecuadas para personas con una predisposición cinestésica.

Meditación sobre la belleza: Esta práctica consiste en elegir un elemento natural que te resulte hermoso y dedicarle toda tu atención. Puede ser una flor, el atardecer, el viento entre los árboles, las nubes desplazándose en el cielo, o cualquier otra maravilla de la naturaleza que logre capturar tu interés. Absorbe la visión y siente su impacto en ti. Como variante, mientras caminas al aire libre, permite que tu mirada se desplace libremente de un objeto a otro, sin detenerse en ninguno específicamente, manteniendo un flujo constante de percepción visual.

Meditación sobre la energía: Aquellos con una sensibilidad desarrollada hacia la energía sutil del cuerpo pueden optar por meditar en estas sensaciones. La clave está en observarlas sin intentar modificar nada, simplemente notándolas y dejándolas fluir.

Meditación integrando todos los sentidos y la energía sutil: Practicada usualmente con los ojos cerrados, esta forma de meditación te invita a prestar atención a cualquier percepción que surja, ya sea un sonido, una sensación táctil, la respiración, o la energía sutil. Se trata de observar sin juzgar todo lo que llega a través de tus sentidos en el momento presente. La conciencia puede moverse libremente de una percepción a otra, guiada por tu ser interior, sin intentar dirigir o controlar el flujo de atención.

La instrucción fundamental en todas estas formas de meditación es enfocar plenamente en el objeto seleccionado, ya sea la respiración, las sensaciones corporales, un mantra, sonidos, experiencias energéticas, o la visión de algo hermoso. Al surgir pensamientos o emociones, reconócelos y regresa a tu foco de meditación. Con práctica, notarás cómo captas los pensamientos desde su inicio, lo que te permite volver más rápidamente a tu punto de concentración.

Persistir en la meditación regularmente y por el tiempo necesario para profundizar en la conciencia es esencial. La mayoría descubre que necesitan al menos cuarenta y cinco minutos para alcanzar un estado meditativo más profundo. Sabrás que has llegado a este estado por la sensación única que experimentas, difícil de describir pero claramente distinta. Mantenerse en este estado tanto tiempo como sea posible es beneficioso. Dejar la meditación antes de alcanzar esta profundidad puede disminuir la satisfacción con la práctica. Con el tiempo, la capacidad para entrar en este estado profundo se facilitará, incrementando el deseo de meditar y hacer de esta práctica una parte esencial de tu rutina diaria.

Es fundamental reconocer que no existe tal cosa como una meditación mal realizada o fracasada. Cada esfuerzo que inviertes en meditar es valioso y significativo, independientemente de si percibes sus efectos inmediatamente o no. Evita fijarte metas específicas con tu práctica meditativa, como alcanzar experiencias espirituales particulares o lograr un tipo de crecimiento que hayas escuchado mencionar a otros. La transformación que ofrece la meditación puede manifestarse de maneras sutiles e inesperadas. El avance espiritual encierra un misterio que nuestra mente racional no está equipada para apreciar o medir. Es común que la mente genere dudas sobre nuestro progreso, sugiriendo que no estamos avanzando y cuestionando el propósito de continuar. Mantente alerta ante estas maniobras desalentadoras de tu mente. La meditación, en realidad, no es algo que la mente desee fomentar.

Las entidades que nos guían desde otras dimensiones toman nota de nuestros esfuerzos meditativos, interpretándolos como una señal de nuestro compromiso con el crecimiento espiritual. Este compromiso atrae más apoyo y energía de estas entidades hacia nosotros, impulsando nuestro desarrollo espiritual.

Subestimar el papel de las fuerzas espirituales sería un error. Dedicar tiempo a la meditación nos conecta con ayuda proveniente de otros planos de existencia, facilitando nuestra sanación y la elevación de nuestra conciencia.

Antes de meditar, es beneficioso invocar esta asistencia. Una oración o invocación que exprese tu deseo genuino de sanar y avanzar espiritualmente puede ser de gran ayuda. La meditación se convierte así en un espacio para fortalecer nuestra conexión con aquellos que nos guían, asegurándonos de su soporte y solicitando su ayuda cuando sea necesario.

Superar bloqueos y barreras en la meditación

La principal barrera en la práctica meditativa es la resistencia de nuestra mente egoísta. Los pensamientos que emergen como resistencia son simplemente otro aspecto de nuestra experiencia para observar y dejar pasar. La mente egoísta, por su naturaleza, se opone a la meditación porque meditar implica silenciar el constante diálogo interno, lo cual amenaza su dominio.

Cuando te acerques a la meditación, tu mente puede intentar disuadirte con pensamientos como "Esto no funciona", "Es demasiado difícil", "No tengo tiempo", "Nunca lo lograré" o "Es aburrido". Sin embargo, cada instante dedicado a la meditación es invaluable, más allá de lo que pueda parecer. La mente egoísta, con su limitada perspectiva y falta de objetividad, no está en posición de juzgar el valor de la meditación.

Hacernos conscientes de las estrategias de sabotaje de nuestra propia mente es crucial. Meditar no solo es más sencillo de lo que parece, sino también profundamente gratificante y beneficioso en todos los aspectos de nuestra vida.

Claves para avanzar en la meditación

Descubre cómo enfrentar cualquier barrera que puedas encontrar para meditar y permanecer en el momento presente con estas preguntas reflexivas:

1. Tu relación con la meditación ¿Qué sensaciones te produce pensar en meditar de manera habitual? ¿Qué excusas o distracciones te presenta tu mente para evitar o interrumpir tus sesiones de meditación? Es muy revelador tomar nota de estas justificaciones. Al hacerlo, no solo desenmascaras las tácticas del ego sino que también reduces su influencia sobre ti. Al reconocer estos pensamientos durante la meditación, simplemente obsérvalos sin reaccionar. Estos pensamientos no te pertenecen; son artimañas de tu ego buscando distraerte.

2. El valor de la meditación para ti: ¿Consideras que meditar es beneficioso? En caso de dudarlo, reflexiona sobre las razones que te llevan a desvalorizarla. Si no le atribuyes valor, es probable que no encuentres motivación para practicarla. Piensa en lo que realmente aprecias, ya que tendemos a invertir nuestro tiempo y energía en aquello que valoramos. Evalúa si cómo utilizas tu tiempo refleja tus verdaderos deseos y aspiraciones. Es importante notar cómo tu mente puede restarle importancia a la meditación o desviarte de tu propósito de alcanzar una mayor libertad, felicidad y confianza en tu vida, empujándote hacia actividades que no corresponden a tus valores o deseos más profundos.

3. La distracción de la mente del aquí y ahora: Fíjate en cómo la mente se desinteresa del presente, prefiriendo divagar entre el pasado y el futuro, juzgando el ahora pero sin realmente vivirlo. Nota cómo te incita siempre a pensar en algo más o a realizar alguna actividad, evitando simplemente ser y responder a lo que el presente ofrece. La mente, en su función de ego, busca activamente desviarte de la experiencia directa del momento.

Reflexiona sobre qué estrategias utiliza tu mente para sacarte del presente. ¿Qué es lo que más efectivamente te distrae: recuerdos, fantasías, anhelos, temores, obligaciones, críticas, pensamientos sobre necesidades básicas, el clima, las tareas pendientes, tus imperfecciones, tus logros o tu apariencia? Evalúa cuánto tiempo logras mantener tu atención plenamente en el presente antes de que, sin darte cuenta, te deslices de nuevo hacia los mecanismos del ego.

Anexo 1. Numerología de los ángeles

La numerología angélica es una práctica cautivadora que nos conecta con el reino divino a través del poder de los números. Desde la antigüedad, las personas han estado intrigadas por los significados ocultos y los mensajes incrustados en los números, buscando orientación y claridad en sus vidas. La numerología angélica te ofrece una perspectiva única de tu viaje espiritual, ayudándote a comprender tu propósito y el camino que debes seguir.

En el lenguaje celestial de los ángeles, los números conllevan vibraciones sagradas y un profundo significado. Cada número, del uno al nueve, así como los números maestros 11, 22 y, a veces, 33, contienen una energía distinta que influye en tu vida de forma extraordinaria. Al descifrar las combinaciones y secuencias de estos números, puedes obtener información sobre tu pasado, presente y futuro, lo que te permite alinearte con el plan divino.

Los orígenes de la numerología angélica se remontan a varias civilizaciones antiguas, cada una de las cuales aportó su propia comprensión e interpretación de los números. En la antigua Babilonia, los sacerdotes incorporaron los números a sus rituales sagrados, reconociendo su poder para conectar con lo divino. El célebre filósofo y matemático griego Pitágoras creía que los números eran el fundamento de toda existencia, y sus seguidores exploraron las intrincadas relaciones entre los números y el mundo observable.

En la antigua China, el concepto del Yin y el Yang se entrelazaba con su sistema numerológico, destacando el delicado equilibrio y armonía que representan los números. Los egipcios, conocidos por sus sobrecogedoras pirámides y enigmáticos jeroglíficos, utilizaban los números no sólo para sus avanzados cálculos matemáticos, sino que también les infundían un significado espiritual en sus obras de arte y ceremonias.

La tradición mística judía de la Cábala concede gran importancia a los números, y el método de la gematría desvela significados ocultos en las Escrituras hebreas. En la India, la numerología védica está profundamente arraigada en sus tradiciones astrológicas y ofrece una perspectiva única sobre el papel de los números en la configuración del destino.

Durante el periodo medieval en Europa, los místicos cristianos adoptaron la numerología como medio para comunicarse directamente con lo divino, a pesar de la oposición de la Iglesia a las prácticas adivinatorias.

Reconocían que los números eran la clave para descifrar el lenguaje del alma y recibir mensajes de Dios.

En los tiempos modernos, la numerología angélica ha ganado popularidad, sobre todo dentro del movimiento de la Nueva Era, que mezcla filosofías espirituales orientales y occidentales. Hoy en día, los numerólogos no sólo se basan en la sabiduría ancestral y las vibraciones asociadas a los números, sino que también infunden sus propias interpretaciones intuitivas, creando un enfoque personalizado para comprender los mensajes divinos transmitidos a través de secuencias numéricas.

La numerología angélica es una poderosa herramienta para el autodescubrimiento, el crecimiento personal y la iluminación espiritual. Al sintonizarte con las energías de los números y la guía de los ángeles, puedes navegar por tu vida con mayor claridad, propósito y alineación con tu yo superior. Ya sea que busques respuestas a los desafíos de la vida, dirección para decisiones importantes o una comprensión más profunda del viaje de tu alma, la numerología angélica te proporciona una puerta sagrada a la sabiduría y el amor del reino divino.

La conexión entre la numerología y los números angélicos

La numerología se basa en la creencia de que los números portan energías y vibraciones específicas que tienen un significado en tu vida. Cada número tiene su propio significado e influencia, y mediante la comprensión de estas vibraciones, puedes obtener una comprensión más profunda de ti mismo y del mundo que te rodea. Los ángeles, como mensajeros y protectores divinos, utilizan los números como lenguaje universal para comunicarse contigo y ofrecerte orientación en tu viaje espiritual.

Los números angélicos son secuencias de números que aparecen repetidamente en tu vida, a menudo en lugares inesperados o en momentos significativos. Estos números no son meras coincidencias, sino que están cuidadosamente orquestados por tus ángeles para captar tu atención y transmitirte mensajes importantes. Mediante el uso de la numerología para interpretar estos números, puedes desbloquear la sabiduría oculta y la orientación que los ángeles te están ofreciendo.

Decodificación de números angélicos

Para descifrar los números angélicos utilizando la numerología, puedes aplicar los principios de la numerología pitagórica, que asigna un valor numérico específico a cada letra del alfabeto. Al reducir el número angelical a un solo dígito o a un número maestro (11, 22 o 33), puedes descubrir la vibración central y el significado que hay detrás del mensaje.

Por ejemplo, si sigues viendo la secuencia numérica 1234, puedes reducirla de la siguiente manera:

$1 + 2 + 3 + 4 = 10$

1 + 0 = 1

El número reducido es el 1, que representa nuevos comienzos, liderazgo y manifestación. Esto podría ser una señal de tus ángeles de que estás a punto de embarcarte en un nuevo capítulo de tu vida o de que ha llegado el momento de tomar la iniciativa en una situación concreta.

Interpretar los números angélicos con la intuición

Aunque la numerología proporciona un marco para comprender los números angélicos, es importante confiar en tu intuición a la hora de interpretar los mensajes. Tus ángeles se están comunicando contigo personalmente, y el significado de una secuencia numérica en particular puede tener un significado único en tu vida.

Presta atención a los pensamientos, sentimientos y circunstancias que rodean la aparición del número angélico. ¿En qué estabas pensando o experimentando cuando notaste el número? ¿Cómo te hizo sentir? Estas percepciones pueden proporcionar un contexto valioso y ayudarte a comprender el mensaje específico que tus ángeles te están transmitiendo.

Números Angélicos en la práctica espiritual

Los números angélicos pueden ser una herramienta poderosa para tu crecimiento personal y desarrollo espiritual. Al incorporarlos a tu práctica diaria, puedes fortalecer tu conexión con lo divino y recibir orientación y apoyo continuos de tus ángeles. Aquí hay algunas maneras de trabajar con los números angélicos:

1. Lleva un diario: Anota los números que encuentres, junto con los pensamientos, sentimientos o percepciones que surjan. Con el tiempo, podrás notar patrones o temas emergentes que pueden proporcionarte una comprensión y dirección más profundas.

2. Medita sobre los números: Cuando veas un número que te llame la atención, tómate un momento para hacer una pausa y reflexionar sobre su significado. Cierra los ojos, respira profundamente y deja que la energía del número resuene en tu interior. Pide a tus ángeles claridad y guía, y confía en las percepciones que te lleguen.

3. Expresa tu gratitud: Cuando recibas un mensaje de tus ángeles a través de una secuencia numérica, tómate un momento para expresar gratitud por su guía y apoyo. Reconocer y apreciar su presencia en tu vida puede ayudar a fortalecer tu conexión y abrirte a recibir aún más guía divina.

El sistema pitagórico y los números en tu Vida

Además de los números angélicos, la numerología ofrece una gran cantidad de información sobre tu propósito, talentos y desafíos de vida. Al calcular tus números principales, como el número de tu Camino Vital, el número de Expresión, el número del Impulso del Alma y el número de Personalidad, puedes obtener una comprensión más profunda de las energías y temas únicos que dan forma a tu existencia.

Para calcular tu número de Senda Vital, que representa el propósito de tu vida y el camino que estás destinado a seguir, utiliza tu fecha de nacimiento. Por ejemplo, si naciste el 15 de septiembre de 1985, calcularías tu número del Camino de la Vida de la siguiente manera:

9 (septiembre es el 9º mes) + 1 + 5 (día) + 1 + 9 + 8 + 5 (año) = 38

3 + 8 = 11 (un número maestro, por lo que no es necesario reducirlo más)

Tu número del Camino de la Vida es el 11, que es un número maestro asociado con la iluminación espiritual, la intuición y la inspiración.

Para calcular tu número de Expresión, que representa tus talentos, habilidades y defectos, utiliza las letras de tu nombre de nacimiento completo así como el sistema pitagórico.

En este sistema, cada letra del alfabeto se asigna a un número del 1 al 9, siguiendo un patrón cíclico. Este sistema se basa en la idea de que las letras y las palabras tienen una vibración específica que puede ser interpretada numéricamente para revelar aspectos profundos de la personalidad, el destino y el camino de vida de una persona. La asignación de las letras a los números es la siguiente:

1 = A, J, S

2 = B, K, T

3 = C, L, U

4 = D, M, V

5 = E, N, W

6 = F, O, X

7 = G, P, Y

8 = H, Q, Z

9 = I, R

Para convertir un nombre completo en un solo número, se suman los valores numéricos de todas las letras del nombre, y si el resultado es un número de dos dígitos (o más), se suman estos dígitos entre sí hasta obtener un solo dígito. Este proceso se conoce como reducción.

Vamos a aplicar este proceso al nombre "Natalia Martínez Arango" como ejemplo:

Natalia = 5 + 1 + 2 + 1 + 3 + 9 + 1 = 22

Martínez = 4 + 1 + 9 + 2 + 9 + 5 + 5 + 8 = 43 = 4 + 3 = 7

Arango = 1 + 9 + 1 + 5 + 7 + 6 = 29 = 2 + 9 = 11 = 1 + 1 = 2

Sumando los totales de cada nombre/apellido: 22 + 7 + 2 = 31 = 3 + 1 = 4

Por lo tanto, el número resultante de "Natalia Martínez Arango" en numerología usando el sistema pitagórico es el 4. Este número se interpreta según sus características numerológicas para proporcionar información y detalles sobre la personalidad o el destino de la persona.

Al explorar tus números centrales y sus significados, puedes obtener una comprensión más profunda de tu propósito de vida, tus puntos fuertes y tus retos. Este conocimiento puede ayudarte a tomar decisiones más alineadas y a navegar por tu camino con mayor claridad y confianza.

Descubriendo números angélicos en el día a día

Cuando comienzas a notar los números angelicales, te das cuenta de que la vida está llena de momentos mágicos y sincronísticos, que revelan la presencia de lo divino en tus experiencias diarias. Estas firmas celestiales a menudo aparecen sutilmente, esperando a ser reconocidas por aquellos que están abiertos y atentos a su entorno. Si tienes curiosidad por saber cómo y dónde puedes detectar las apariciones sincronizadas de los números angélicos, aquí tienes algunos lugares comunes en los que pueden llamar tu atención.

Pantallas digitales

En nuestro mundo impulsado por la tecnología, las pantallas digitales son omnipresentes, proporcionando amplias oportunidades para que los números se presenten ante ti. Desde el teléfono y el ordenador hasta el reloj de pulsera y las vallas publicitarias, estos dispositivos pueden servir como conductos para la comunicación angélica. Si con frecuencia te encuentras mirando el reloj a las 11:11 o notando que tu batería está siempre al 44%, estas "coincidencias" podrían ser señales de que el reino divino está llegando a ti a través de los números angélicos.

Matrículas y direcciones

Mientras navegas por las calles y carreteras, presta atención a las matrículas de los vehículos que pasan. Cada matrícula lleva un código alfanumérico único, y algunas de estas combinaciones pueden llamar tu atención inesperadamente. Si te sientes atraído por una matrícula concreta o te fijas repetidamente en la misma secuencia numérica, podría tratarse de un mensaje de tus ángeles. Del mismo modo, cuando caminas por un barrio o buscas un destino concreto, los números de las puertas y las direcciones que encuentras pueden tener un significado. Incluso si terminas en la dirección "equivocada", podría ser una forma juguetona de que tus ángeles se comuniquen contigo.

Recibos, facturas y libros

Los números angélicos pueden aparecer en los lugares más mundanos, como los recibos de la compra y las facturas. Aunque estas transacciones cotidianas pueden parecer insignificantes, brindan a los ángeles la oportunidad de enviarte un mensaje. Puede que notes que tus totales suman frecuentemente números específicos o que tu número de pedido es una secuencia que sigues viendo en varios aspectos de tu vida. Los libros también pueden ser una fuente de guía angélica. Presta atención a los números de página que resuenen contigo o a los pasajes que parezcan alinearse con los números angélicos que has estado encontrando. La dirección del protagonista, la cronología de los acontecimientos o incluso la longitud de un capítulo podrían tener un significado oculto.

Fechas especiales y sueños

Presta atención a las fechas significativas en tu vida, como aniversarios o acontecimientos memorables. Si tomas una decisión importante o experimentas un momento profundo en una fecha que coincide con un número angelical podría ser una señal de intervención divina. Además, tus sueños pueden servir como un poderoso medio de comunicación angélica. Los ángeles pueden manipular el paisaje onírico para transmitir mensajes y confirmar su presencia a través de números específicos. Si observas que en tus sueños aparecen números o que los personajes los mencionan, presta atención a su significado.

Naturaleza y redes sociales

El mundo natural es un lienzo sobre el que los ángeles pueden pintar sus mensajes. Desde el número de hojas esparcidas por tu camino hasta la formación de pájaros posados en un alambre, la naturaleza ofrece innumerables oportunidades para que los números angélicos se revelen. Incluso el número de pétalos de una flor o la aparición recurrente de un animal en particular pueden tener un significado. En el ámbito digital, las plataformas de las redes sociales y las interacciones en línea también pueden ser canales de orientación angélica. El número de "me gusta" en una publicación, la duración de un vídeo o la fecha y hora de un comentario significativo pueden ser formas en las que tus ángeles se comuniquen contigo.

Música, películas y juegos

Los ángeles pueden entretejer sus mensajes en diversas formas de entretenimiento y medios de comunicación. Cuando escuches música, presta atención a la duración de la canción o a la letra que más te llame la atención. En las películas y series de televisión, el diálogo de un personaje, la duración de un episodio o incluso el número de temporadas de una serie pueden tener un significado. Si juegas, fíjate en el nivel, las puntuaciones y las estadísticas de tu personaje, ya que la repetición de números podría ser algo más que una coincidencia.

Billetes, códigos de barras y sucesos cotidianos

Desde el número de vuelo de tu tarjeta de embarque hasta el número de habitación de tu hotel, los detalles relacionados con los viajes a menudo pueden estar impregnados de una guía angelical. Si te asignan un asiento o una habitación con un número angelical, puede ser una suave señal de que te están acompañando.

Guía de interpretación de números angélicos

Del 0 al 9, 11 y 22

La numerología angélica es una herramienta poderosa para entender los mensajes que nuestros guías espirituales desean transmitirnos. Cada número, con su vibración única, lleva un mensaje especial. Aquí te presento una guía para interpretar estos números angélicos, desde el 0 hasta el 9, incluyendo los números maestros 11 y 22.

0 - Totalidad y Ciclo Infinito

El número 0 simboliza el infinito, la totalidad, el punto de partida y el retorno a la esencia. Nos recuerda que estamos conectados con el universo de una manera profunda y significativa. Es un mensaje de que estás en el camino espiritual correcto y que el universo te apoya en tu viaje.

1 - Nuevos Comienzos y Liderazgo

El 1 es un llamado a la acción, simbolizando nuevos comienzos, independencia y la capacidad de crear nuestra propia realidad con nuestros pensamientos y acciones. Es un recordatorio de que somos creadores y que tenemos el poder de iniciar nuevos proyectos con confianza.

2 - Fe y Armonía

Representa la fe, la confianza, el equilibrio y la armonía en nuestras vidas. El número 2 nos alienta a mantener la fe en nuestro camino espiritual y a trabajar en armonía con otros. Es un mensaje para confiar en que todo se desarrollará como debe ser.

3 - Comunicación y Expresión

El 3 resuena con la creatividad, la autoexpresión y la comunicación. Nos anima a expresarnos con claridad y a utilizar nuestras habilidades creativas para manifestar nuestras aspiraciones y sueños. Es un signo de que tus guías espirituales te están apoyando en tu expresión creativa.

4 - Estabilidad y Fundamentos

Simboliza la construcción de bases sólidas para el futuro, la estabilidad y el trabajo duro. El 4 es un recordatorio de que nuestros ángeles nos están ayudando a trabajar con determinación y paciencia hacia nuestros objetivos.

5 - Cambio y Libertad

El número 5 señala cambios importantes en la vida, aventura y libertad. Es un mensaje de que debemos estar abiertos y adaptarnos a los cambios, los cuales traerán crecimiento personal y nuevas oportunidades.

6 - Equilibrio y Responsabilidad

Representa el equilibrio, la responsabilidad y el servicio a los demás. El 6 nos recuerda la importancia de mantener un equilibrio entre nuestra vida material y espiritual, y de cuidar de nosotros mismos y de aquellos a nuestro alrededor.

7 - Desarrollo Espiritual y Reflexión Interior

El 7 vibra con las energías del despertar y el desarrollo espiritual, la reflexión interior y la comprensión. Nos invita a escuchar nuestra intuición y a profundizar en nuestra vida espiritual para encontrar respuestas.

8 - Abundancia y Poder Personal

Simboliza la abundancia, el éxito y el poder personal. El 8 es un mensaje de que la prosperidad está en camino, recordándonos que el universo es abundante y que estamos destinados a lograr el éxito.

9 - Conclusión y Humanitarismo

Representa el cierre de un ciclo, la conclusión y el servicio humanitario. El 9 nos anima a dar un paso adelante hacia nuestra misión de alma y a servir a la humanidad de una manera que esté alineada con nuestro propósito de vida.

En numerología también se tienen presentes el 11 y el 22 como números maestros, estos no se reducen a un solo dígito cuando se llega a ellos en un total.

11 - Inspiración y Conciencia Espiritual

El número maestro 11 simboliza la inspiración, la iluminación y la conciencia espiritual elevada. Es un llamado a conectar con nuestro yo superior, a vivir nuestra verdad y a inspirar a otros en su camino espiritual.

22 - Construcción de Sueños y Alcance Global

El 22, otro número maestro, representa la manifestación de nuestros sueños más ambiciosos y el logro de grandes cosas en un nivel global. Nos anima a trabajar con dedicación y visión para hacer realidad nuestros ideales más elevados.

Cada número angélico nos trae un mensaje específico, diseñado para guiarnos, inspirarnos y apoyarnos en nuestro camino espiritual. Al prestar atención a estos números y sus significados, podemos sintonizar más profundamente con la guía divina y avanzar hacia nuestra verdadera esencia y propósito en la vida.

Interpretando los mensajes angélicos

Cuando nos encontramos con números angélicos repetidamente, es una clara señal de que nuestros guías espirituales están tratando de comunicarse con nosotros. Estos mensajes pueden venir en forma de advertencias, confirmaciones, consuelo o inspiración para seguir adelante en nuestro camino. La clave para entender estos mensajes está en la observación consciente y la reflexión sobre cómo estos números se relacionan con nuestra vida actual.

¿Cómo Actuar Frente a Estos Mensajes?

1. Observa y Registra: Lleva un registro de cuándo y dónde encuentras estos números. A menudo, el contexto en el que aparecen es tan importante como el número en sí.

2. Reflexiona: Tómate un momento para meditar o reflexionar sobre lo que estabas pensando o haciendo cuando viste el número. Esto puede proporcionar pistas importantes sobre el mensaje.

3. Investiga: Aunque esta guía ofrece un significado general de cada número, la interpretación puede variar ligeramente para cada persona. Investiga y medita sobre los significados para encontrar cómo aplican específicamente a tu situación.

4. Actúa: Los números angélicos a menudo sugieren una acción o cambio. Considera cómo puedes aplicar el mensaje en tu vida. Quizás te esté llamando a iniciar un nuevo proyecto, a dejar atrás algo que ya no te sirve o simplemente a tener fe en el proceso de tu vida.

5. Confía: Sobre todo, confía en que estos mensajes son señales de amor y guía de tus ángeles. Incluso si el mensaje no está claro de inmediato, mantén tu corazón y tu mente abiertos a la comprensión.

Los números angélicos son regalos del universo, diseñados para ayudarnos a recordar nuestra conexión divina y a guiarnos a lo largo de nuestro viaje espiritual. Al prestar atención a estos mensajes y confiar en la guía que nos ofrecen, podemos navegar por nuestra vida con mayor claridad, propósito y alegría.

Aunque el fascinante universo de los números angélicos ofrece una profundidad y riqueza que podría llenar volúmenes enteros, es importante reconocer que una guía exhaustiva de números angélicos y sus significados detallados está más allá del alcance de este libro. La información proporcionada aquí sirve como una introducción sólida al poder de los números como mensajes del universo, destinada a despertar tu interés y proporcionarte las herramientas básicas para empezar a interpretar estos signos divinos.

Números Maestros: Vibraciones elevadoras

Los números maestros de la Numerología difieren notablemente de los dígitos simples debido a su vibración intensificada. Estos números son pares distintivos como 11, 22, 33, etc., que elevan la esencia de los dígitos singulares que reflejan. Cada número maestro tiene un significado único.

El 11 es reconocido como el Iluminador Intuitivo, que simboliza la intuición profunda, la visión espiritual y la iluminación. Conlleva la capacidad innata de iluminar e inspirar, asociada a visiones, revelaciones y comprensión de los misterios más profundos de la vida. Las personas influidas por este número suelen poseer una sabiduría profunda y conmovedora y una percepción onírica distinta de la de los demás.

El 22, el Maestro Constructor, combina los aspectos visionarios del 11 con un sólido sentido del realismo y la disciplina. Este número encierra un inmenso potencial y poder, capaz de transformar sueños y visiones en realidades tangibles. Su energía denota liderazgo, proyectos ambiciosos y la capacidad de manifestar los sueños en formas concretas.

El 33, aclamado como el Maestro, vibra con la compasión, la curación y el deseo de bendecir a los demás. Se alinea con una conciencia global, con su raíz en la energía del número 6 (de 3+3=6) pero magnificada. Este número pretende elevar a la humanidad ofreciéndole orientación y cuidados, extrayendo lecciones de experiencias históricas.

La importancia de los números maestros radica en su capacidad para intensificar las energías de los dígitos simples. Por ejemplo, el 11 no sólo duplica el énfasis del número 1 en el liderazgo y la innovación, sino que lo hace con una mayor responsabilidad espiritual. Por lo tanto, una persona con un número 11 en su trayectoria vital afrontará los altibajos de la vida de forma diferente a alguien con un número 2, a pesar de que ambos números comparten la energía fundamental de la asociación y la armonía. La persona con un número 11 experimenta una mayor vocación espiritual.

La disposición secuencial de estos números también es importante, como en la secuencia 1122. Esto sugiere una progresión desde el despertar espiritual del 11 hasta la acción constructiva a la que insta el 22, lo que indica una fase de iluminación espiritual seguida de una llamada a manifestar esta visión en la práctica.

Para comprender los números maestros es necesario ver más allá de su repetición numérica y ver su papel como conductos de frecuencia espiritual, que enlazan lo terrenal con lo divino y sirven como vías para una sabiduría, un propósito y unos esfuerzos espirituales más elevados.

Los números maestros en diversos contextos

En las fechas de nacimiento, los individuos nacidos el 22 poseen los rasgos de un Maestro Constructor, exhibiendo un liderazgo natural y la habilidad de conceptualizar y actualizar grandes visiones. Los nacidos el 11, sin embargo, se inclinan más hacia la intuición, experimentan sueños vívidos y una profunda conexión espiritual.

En los nombres, la resonancia de un número maestro, como el 33, implica el potencial de una persona para inspirar y sanar, similar al de un Maestro. Esto sugiere una profunda conexión entre los números y el destino personal, ofreciendo una visión de tu yo más profundo y de tus interacciones con los demás.

Las direcciones que llevan números maestros pueden influir significativamente en el propósito y los logros de los residentes. Por ejemplo, vivir en una dirección con el número 22 puede dotarte de concentración y ambición, mientras que un 11 puede fomentar tu crecimiento espiritual y la iluminación.

Cuando los números maestros se combinan, como en una secuencia 1122, simbolizan un viaje desde el despertar espiritual hasta la realización práctica, ofreciendo una comprensión matizada de las etapas de la vida, los retos y la evolución espiritual.

La influencia de los números maestros no sólo aporta puntos fuertes, sino también desafíos. La iluminación de un 11 puede ser abrumadora y causar ansiedad, mientras que la responsabilidad de un 22 exige no sólo visión, sino realización. Para los que resuenan con el 33, el reto consiste en equilibrar los deseos personales con las búsquedas altruistas.

Esta danza numérica refleja la energía espiritual del universo, presentando no sólo talentos sino también una llamada al crecimiento y a la alineación con tu propio camino numerológico.

Repetición de los Números Ángeles y su Significado

Los ceros simbolizan la eternidad, el potencial y la alineación con la energía universal, indicando el comienzo de un viaje espiritual y la importancia de empezar de nuevo centrándote en el crecimiento y la unidad.

Los unos representan la iniciativa, el liderazgo y la esencia de la acción. Los unos repetidos sirven como señal cósmica para aprovechar las oportunidades inminentes y concentrarte en tus aspiraciones positivas.

Los dos enfatizan la dualidad, el equilibrio y la asociación, instándote a la paciencia y la fe en tiempos de incertidumbre y prometiendo la armonía final.

Los tres denotan creatividad, afirmación de oraciones y bendiciones inminentes, lo que significa apoyo y guía divinos.

Los cuatros representan la estabilidad y los cimientos, asegurándote que tus esfuerzos están a punto de dar fruto.

Los cincos indican un cambio y una aventura inminentes, y te aconsejan estar dispuesto a abrazar nuevas experiencias y dejar atrás el pasado.

Los seises te animan a reajustar tus pensamientos y a equilibrar lo material y lo espiritual, pidiéndote armonía en los aspectos de tu vida.

Los sietes, de naturaleza mística, afirman que estás en la trayectoria espiritual correcta, insinuando que estás cerca de la iluminación gracias a una práctica espiritual diligente.

Los ochos representan el poder, la abundancia y el ciclo infinito de energía y consecuencias, y te preparan para la prosperidad y el liderazgo futuros.

Los nueves señalan la culminación y la compasión, sugiriéndote el final de una fase de tu vida y el comienzo de un nuevo capítulo centrado en el cumplimiento de tu propio propósito.

Estas secuencias son comunicaciones divinas que te guían, advierten y reconfortan, proporcionándote una visión de tu viaje terrenal y espiritual.

Momento y frecuencia

La aparición y recurrencia de los números angélicos no se deja al azar; su presencia repetida enfatiza la importancia de su mensaje. Encontrarte con el mismo número angelical, o con números diferentes, significa con frecuencia la presencia de una fuerza guía, que sirve como recordatorio persistente de las comunicaciones espirituales que se te transmiten. Pasar de ver un número angelical a otro suele indicar un cambio en el tipo de guía que se te ofrece.

La frecuencia con la que aparece un número angélico es indicativa de la urgencia con la que busca captar tu atención. Por ejemplo, encontrar el 111 en varios contextos sugiere que el universo te está instando a prestar atención a ciertos acontecimientos de tu vida, ya que transmite un mensaje relativo a esas situaciones. Del mismo modo, si observas el 555 mientras contemplas un proyecto de trabajo importante, puede que los ángeles te estén empujando hacia la apertura al cambio.

Los encuentros aleatorios con estos números sirven como sutiles llamadas de atención, incitándote a la reflexión o a un ligero cambio de dirección. Estos números son especialmente conmovedores en momentos de toma de decisiones o transiciones, y te ofrecen consejo si estás en sintonía. También te reconfortan y tranquilizan en momentos de confusión emocional, actuando como un abrazo celestial en momentos de necesidad.

El significado del momento y la frecuencia con que aparecen estos números suele coincidir con momentos o decisiones clave en tu vida, ya sea un cambio profesional, el comienzo de una nueva relación o las incertidumbres cotidianas. Para algunos, la aparición oportuna de un número angélico puede incluso parecer predictiva de futuros acontecimientos o transiciones.

Los números angelicales también pueden alinearse con estaciones o fases específicas de tu vida, sugiriendo lecciones o temas particulares que merecen tu atención. Este concepto refleja la teoría de Carl Jung de la sincronicidad, donde la aparición de estos números se correlaciona significativamente con tus pensamientos, sentimientos o eventos. Estas sincronicidades son más pronunciadas durante los periodos de reflexión profunda, meditación o prácticas espirituales, lo que sugiere que en esos momentos estás forjando una conexión más profunda.

Por lo tanto, comprender el momento y la frecuencia de los números angélicos es crucial para descifrar sus mensajes. Aunque sus significados generales proporcionan una base, tu intuición personal, las circunstancias actuales de tu vida y tu viaje espiritual influyen profundamente en su interpretación, creando una interacción única entre las energías universales y tus experiencias individuales.

Para mejorar tu capacidad de percibir los números angélicos, considera adoptar las siguientes estrategias:

- Aumenta tu conciencia diaria, especialmente hacia los números que captan tu atención con frecuencia, como los de los relojes, las matrículas y los recibos.

- Reconoce y anota mentalmente los números que aparecen repetidamente. Su presencia recurrente suele ser señal de un mensaje urgente y significativo.

- Documenta los números angelicales que encuentres, ya sea en un diario o en tu teléfono. Esta práctica te ayudará a identificar patrones y a contemplar sus posibles significados.

- Reflexiona sobre tus pensamientos y sentimientos en el momento en que observas un número concreto. El contexto en el que aparece el número puede aportar información valiosa.

- Confía en tu intuición cuando ciertos números te parezcan especialmente significativos.

- Medita o reflexiona en silencio para aumentar tu receptividad a la hora de observar estos números.

- Los números angélicos también pueden manifestarse en sueños, por lo que un diario de sueños es una herramienta útil para capturar estos sucesos.

- En nuestra era tecnológica, permanece atento a los números que se repiten en notificaciones digitales, marcas de tiempo y medios similares.

- Investiga más sobre los números de los ángeles. Descubrir los significados comúnmente reconocidos de las secuencias que encuentres puede ser un punto de partida útil.

- Comenta tus experiencias e interpretaciones con otras personas que compartan tu interés por los números angélicos. Diferentes perspectivas pueden iluminar aspectos del significado de los números que puedes haber pasado por alto.

Es importante recordar que la interpretación de los números angélicos no es universalmente fija. Una secuencia que sugiere implicaciones financieras para ti puede tener connotaciones espirituales para otra persona, dependiendo de las circunstancias individuales y de la orientación que necesites en ese momento. La relevancia de estos números está íntimamente ligada a tu viaje personal.

Para descifrar el significado de los números angélicos, confía en tu propia intuición. Aunque las directrices generales pueden ofrecerte orientación, tu sentido personal de lo que estos números significan en tu vida sigue siendo primordial.

Mantente abierto a las formas únicas en que el universo se comunica contigo. Si mantienes el corazón y la mente abiertos, estarás mejor posicionado para captar los mensajes dirigidos a ti. A medida que profundices en el intrigante reino de los números, aprenderás más sobre las diversas secuencias y combinaciones a través de las cuales los ángeles se comunican, enriqueciendo tu comprensión de este diálogo celestial.

Los números angélicos en secuencias o patrones transmiten mensajes espirituales y guía desde un reino superior, encarnando el método de comunicación preciso y con propósito del universo. Estas secuencias, similares a los ritmos naturales de la luna, las estaciones y los ciclos vitales, siguen una progresión. Las secuencias ascendentes simbolizan tu crecimiento y expansión, como el energizante amanecer que marca un nuevo día lleno de posibilidades. Por el contrario, las secuencias descendentes representan la culminación, la introspección y la energía reflexiva de una puesta de sol, indicando un ciclo que cierra el círculo.

Las secuencias ascendentes suelen señalar oportunidades de crecimiento, animándote a asumir riesgos, a abrazar nuevas fases con esperanza o a explorar nuevos ámbitos vitales. Las secuencias descendentes, por el contrario, pueden aconsejarte reflexionar sobre decisiones pasadas, desprenderte de elementos no beneficiosos y dar pasos atrás cuando sea necesario. Estos patrones más amplios te ofrecen percepciones de los ritmos cósmicos, instándote a reconocer tu parte en esta danza mayor, alternando entre el avance y la contemplación.

Secuencias ascendentes De números angélicos

012: Emprende un viaje espiritual que enfatiza el equilibrio y el liderazgo, donde el cero señala potencial, el uno representa liderazgo y nuevos comienzos, y el dos denota equilibrio y colaboración.

123: Indica pasos progresivos en tu camino de crecimiento espiritual o personal, abogando por los nuevos comienzos, la colaboración y la autoexpresión creativa.

234: Sugiere construir la estabilidad a partir del crecimiento y el equilibrio, con el dos representando la armonía, el tres señalando la creatividad y el compromiso social, y el cuatro denotando estructura y sentido práctico.

345: Te anima a pasar de la estabilidad al cambio y la exploración, combinando la creatividad (tres), el sentido práctico (cuatro) y el deseo de aventura y libertad (cinco).

456: Representa la transición desde la energía estructurada (cuatro), pasando por la aceptación del cambio (cinco), hasta el servicio a los demás con nuevas percepciones (seis).

567: Te invita a la evolución a través del cambio (cinco), la responsabilidad fundamentada (seis) y la búsqueda de la sabiduría interior y el despertar del alma (siete).

678: Destaca tu crecimiento espiritual que conduce al empoderamiento y la abundancia, marcando la realización de tu propio poder tras un viaje de aprendizaje e introspección.

789: Significa la finalización de una fase, indicando que después de alcanzar la abundancia y el poder personal (ocho), el ciclo cierra el círculo con un final que provoca un nuevo comienzo y un enfoque en el servicio (nueve).

Secuencias descendentes De números angélicos

987: Significa la conclusión de una fase, haciendo hincapié en la transición de tus logros materiales o externos a una exploración espiritual más profunda. Simboliza el final de un ciclo y el comienzo de un viaje hacia tu interior, centrado en la autoconciencia y la sabiduría interior.

876: Indica un cambio desde tus logros personales y el poder hacia un enfoque más altruista, haciendo hincapié en la comunidad, la responsabilidad y el servicio a los demás. Esta secuencia sugiere una reevaluación de tus prioridades, desde el éxito material hacia el cuidado de las relaciones y la participación en la comunidad.

765: Representa un período de transformación iniciado por la visión espiritual. Comenzando con el crecimiento espiritual (siete), pasando por la responsabilidad y el cuidado de la comunidad (seis), y culminando en un cambio significativo y la libertad (cinco), esta secuencia insinúa un viaje de iluminación que conduce a ajustes en tu vida.

654: Emprende el camino de la recuperación de la estabilidad tras los cambios, empezando por la comunidad y la responsabilidad (seis), abrazando el cambio (cinco) y estableciendo bases sólidas y orden (cuatro). Señala un periodo de enraizamiento y construcción de la estabilidad tras la transformación.

543: Describe la transición de la transformación y la estabilidad (cinco) a la creatividad y la autoexpresión (tres), mediante el establecimiento de una base sólida (cuatro). Muestra un movimiento hacia tu crecimiento y creatividad tras un periodo de cambio.

432: Pasa de la estabilidad y el orden (cuatro) a la asociación y el trabajo en equipo (dos), pasando por la creatividad y la expresión (tres). Esta secuencia hace hincapié en la progresión desde tu crecimiento individual hacia los esfuerzos de colaboración y la armonía en las relaciones.

321: Indica un ciclo de reinicio, tras la creatividad y el crecimiento (tres), y la armonía en las asociaciones (dos), que conduce a nuevos comienzos y al liderazgo (uno). Te sugiere volver a tomar la iniciativa tras periodos de colaboración y equilibrio.

210: Apunta hacia la preparación para una nueva etapa, haciendo hincapié en el equilibrio y la armonía (dos) como elementos fundacionales antes de emprender un nuevo viaje.

El significado de los números espejo o reflejados

Los números reflejados en las combinaciones angélicas ocupan un lugar especial en la numerología debido a su estructura única, frecuencias vibratorias y los profundos conceptos que simbolizan. Estos números reflejan el equilibrio, la armonía y la interconexión de todas las cosas en el universo.

El patrón repetitivo de los números reflejados amplifica la energía de los dígitos individuales, creando una cualidad estratificada en la que el número central es el foco principal y los dígitos reflejados exteriores intensifican su poder. Esta disposición puede verse como una encapsulación protectora, que sugiere que la energía central es potente y puede requerir introspección para comprenderla plenamente.

Los números reflejados simbolizan ciclos, totalidad y unidad, y resuenan con los ritmos naturales de la vida. También sirven como recordatorio de las dualidades y los retos potenciales que puedes encontrar, haciendo hincapié en la importancia de encontrar la armonía en medio de fuerzas opuestas.

Estos números actúan como puertas de entrada a una comprensión más profunda y al autodescubrimiento, invitándote a explorar tu mundo interior y a alinearte con el propósito de tu vida. Las secuencias evocan un sentido de continuidad y el flujo eterno de la energía universal, representando la danza continua de mirar dentro de ti mismo y darte cuenta de las conexiones externas.

Los números reflejados vibran a frecuencias únicas, por lo que suelen tener un efecto calmante o equilibrante en las personas sensibles a la energía. También pueden servir como suaves empujones del universo para que reflexiones sobre tus pensamientos, sentimientos y circunstancias.

La estructura equilibrada de los números reflejados significa crecimiento, evolución y expansión, y representa el viaje de aprender y volver con nuevos conocimientos.

Son símbolos de la perfección cósmica, que te recuerdan la perfección inherente del universo y el potencial de perfección dentro de ti mismo.

Además, el énfasis en el número central resalta la importancia del momento presente, animándote a permanecer con los pies en la tierra y a reconocer su papel crucial en el viaje de tu vida.

Significados específicos de los números reflejados

101: Al embarcarte en este nuevo capítulo, recuerda que el universo te apoya y afirma que estás en el camino correcto.

121: Al igual que un estanque tranquilo refleja los árboles de su orilla, la simetría de tu vida es un reflejo, una señal para que sigas confiando en el viaje que has emprendido.

131: La progresión única y a la vez interconectada de los números representa la aceptación de tu individualidad y la conexión con un poder superior, indicando una profunda relación con los misterios del cosmos.

141: Los números significan que se están desarrollando acontecimientos positivos. Has establecido una base sólida en la vida, así que persevera en tus esfuerzos y mantén la concentración.

151: Abraza tu autenticidad y marcha a tu propio ritmo. El universo te anima a celebrar tu singularidad y apreciar que eres un individuo que forja su propio camino.

161: Las asociaciones tienen importancia. Si estás colaborando con alguien, puede ser una unión favorable. Dos individuos trabajando juntos hacia un objetivo común pueden producir resultados notables.

171: El crecimiento espiritual es de suma importancia. El universo te está guiando en tu camino hacia la iluminación. Continúa aprendiendo y explorando tu espiritualidad.

181: Con la experiencia llega la renovación. A medida que aprendes del pasado, se hacen posibles nuevos comienzos. El universo fomenta este proceso de renovación.

191: Una fase concluye y otra comienza. Es el ciclo natural de la vida, y cuando este capítulo llega a su fin, te espera un nuevo comienzo. El universo está en cambio y transformación.

202: El número 202 subraya la importancia de lograr el equilibrio y la armonía en las relaciones y asociaciones a lo largo de tu vida.

212: El número 212 se centra en las conexiones entre individuos y en el concepto de unidad. Te anima a comprender las perspectivas de los demás manteniendo un fuerte sentido de ti mismo. Acepta nuevos puntos de vista mientras te mantienes fiel a lo que eres.

232: Imagina que te sientes pequeño pero curioso mientras contemplas el cielo nocturno. Afronta las nuevas experiencias con asombro y humildad, y crecerás como persona. Lánzate a descubrir nuevas oportunidades.

242: Este número está relacionado con la sensación de estabilidad y satisfacción. Cuando la vida se siente equilibrada y estable, todo lo demás fluye con naturalidad. Te ofrece seguridad.

252: Prioriza la autoexpresión y la aventura. Abraza nuevas experiencias y explora ideas innovadoras.

262: El universo sugiere que las colaboraciones exitosas son posibles cuando hay respeto mutuo y visiones compartidas entre tú y tu(s) socio(s) en los negocios u otros emprendimientos.

272: El universo está atrayendo tu atención hacia percepciones espirituales más profundas que están listas para despertar dentro de ti.

282: Las energías transformadoras se arremolinan a tu alrededor, indicando que ahora es un momento ideal para la renovación y los nuevos comienzos.

292: A medida que concluye un ciclo, el universo te asegura que nuevas aventuras te esperan a la vuelta de la esquina.

303: El universo te anima a dar rienda suelta a tu potencial creativo, expresando tus deseos y sueños más íntimos, ya que está rebosante de energía creativa.

313: El número 313 te incita a considerar las profundas conexiones que puedes forjar durante las aventuras de la vida.

323: Puede parecer que tú y tu pareja tenéis perspectivas diferentes, pero hay un hilo común que conecta vuestras visiones. Trata de encontrarlo.

343: Unos cimientos fuertes te proporcionan la base para el crecimiento. El universo enfatiza la necesidad de estabilidad.

353: La independencia ocupa un lugar central, el universo te insta a abrazar la libertad de expresarte y experimentar las maravillas de la vida.

363: Este número habla de trabajo en equipo y respeto mutuo. Enfréntate a tus relaciones actuales con optimismo.

373: Este número está relacionado con la búsqueda espiritual y la búsqueda de un significado más profundo en tu vida.

383: Este número trae cambio y transformación en tu vida espiritual, lo que puede traducirse en abundancia material.

393: Este número concluye un capítulo y te prepara para tu próxima aventura.

404: Antes de embarcarte en una nueva aventura, asegúrate de tener una base sólida.

414: Tus esfuerzos por mantener la estabilidad en tu nueva empresa o proyecto se verán recompensados si perseveras.

424: Este número representa el equilibrio entre estructura y armonía, especialmente en tus relaciones.

434: Este número te anima a seguir siendo resistente mientras exploras nuevas formas de navegar por la vida.

454: Mantén tu independencia y los pies en la tierra, incluso cuando estés solo.

464: Haz todo lo posible por cooperar con los demás y fomentar la confianza. Te alegrarás de haberlo hecho.

474: Navegar por el camino espiritual se hace más fácil cuando te basas en tus experiencias previas.

484: Los cambios significativos en tu vida tienen más probabilidades de perdurar si están conectados con tus experiencias pasadas.

494: Las estructuras y los cimientos que una vez te sostuvieron ya no pueden sostenerte. Es hora de que crees algo nuevo.

505: El universo te está animando a expandir tus horizontes y empujar los límites para adquirir nuevos conocimientos.

515: Infundir tu personalidad única a cualquier cosa en la que estés trabajando la hará más especial.

525: Mantener el equilibrio durante un viaje te asegura una exploración tranquila y constante.

535: Expresar tu independencia requiere un profundo coraje, así que sigue forjando tu propio camino.

545: Incluso cuando te embarcas en un viaje en solitario, puedes encontrar la armonía en la aventura.

565: Las asociaciones que se forman durante las aventuras pueden evolucionar en notables colaboraciones que enriquecen tus experiencias.

575: El viaje único de tu vida te proporcionará percepciones espirituales que profundizarán tu comprensión del universo que te guía.

585: Las aventuras que has emprendido o planeas emprender podrían desencadenar transformaciones significativas, alimentadas por tus experiencias acumuladas.

595: Al concluir este capítulo aventurero, te prepara para nuevos comienzos y horizontes.

606: Equilibrar las relaciones de pareja es crucial. La confianza y el respeto mutuos son esenciales. Mantente fiel a ti mismo aunque colabores con otros.

616: La independencia y la interdependencia pueden coexistir en asociaciones saludables. Los finales crean espacio para nuevos comienzos.

626: Las relaciones de pareja deben facilitar el crecimiento tanto tuyo como de tu(s) socio(s). Cuando las relaciones de pareja tienen unos cimientos sólidos, indican que se basan en la confianza.

636: Equilibra los aspectos físicos y espirituales de la vida. Abraza la independencia en tu viaje espiritual y emprende un examen de conciencia.

646: Este cimiento profundo y robusto existe entre dos almas entrelazadas. Significa un vínculo profundo y genuino basado en la confianza.

656: Este número sirve como recordatorio de que cada alma posee poder, incluso cuando dos corazones laten como uno solo. No te pierdas en tu relación de pareja.

676: La verdad que buscas te será revelada. La confianza y la paciencia son la clave.

686: Como los ríos que cambian de curso, los vínculos también se transforman, no para romperse sino para enriquecer y profundizar el amor y la confianza. Confía en que los cambios que se están produciendo en tu relación de pareja conducirán a algo positivo.

696: Las historias concluyen como deben, pero con cada final surgen nuevos comienzos. Nuevas historias te esperan con nuevos retos y recompensas. No temas soltar para que lo nuevo pueda llegar.

707: Estás a punto de descubrir secretos místicos que transformarán positivamente tu vida.

717: Estás en un viaje. Sigue la guía de tu corazón con respecto a tus sueños, sin vacilar, para hacerlos realidad.

727: Estás aprendiendo a confiar en el espíritu para manifestar las cosas en el universo. Este cambio de paradigma es beneficioso y traerá mayor equilibrio a tu vida.

737: La creatividad que buscas puede desbloquearse profundizando en tu yo espiritual. Dedícate al trabajo espiritual y todo lo demás te resultará más fácil.

747: Conecta con tus raíces, rastreándolas hasta lo más profundo. Recibirás percepciones de los cielos y descifrarás los enigmas de la vida.

757: Obtendrás una comprensión profunda de la vida y del universo si tu espiritualidad tiene raíces fuertes. Continúa explorando espiritualmente para alcanzar un conocimiento superior.

767: Colaborar con otros en asuntos espirituales facilita tu crecimiento y la adquisición de nuevos conocimientos a través de experiencias compartidas.

787: Los cambios significativos en tu perspectiva espiritual indican que estás empezando a comprender más y a conectar con el universo a un nivel más profundo.

797: Un período de profunda visión espiritual está llegando a su fin, lo que significa que estás listo para nuevas aventuras cósmicas.

808: La renovación y el cambio son vitales, indicando que el universo quiere que abraces la transformación.

818: Estate en paz con los cambios que estás observando en tu vida. Te están guiando hacia un hermoso destino.

828: El cambio equilibrado implica hacer cambios armoniosos que se adapten a todos los aspectos de tu vida, permitiéndote mantener la estabilidad durante las transiciones.

838: Iniciar el cambio en tus propios términos significa liderar tu viaje de renovación.

848: Las transformaciones basadas en tus experiencias pasadas ponen de relieve la importancia de aplicar lo que has aprendido.

858: Un espíritu aventurero combinado con el cambio apunta a aventuras que cambian profundamente las cosas, manifestando en última instancia tus grandes aspiraciones.

868: Trabajar con otras personas en tiempos de cambio hace hincapié en crecer juntos y compartir experiencias cuando la vida atraviesa transiciones.

878: Busca las percepciones espirituales dentro de los cambios que estás experimentando para facilitar una transición más suave de quién eres a quien aspiras ser.

898: Un período de transformación está concluyendo, señalando que nuevos comienzos seguirán una vez que los cambios culminen.

909: Marcando finales y nuevos comienzos, el 909 representa ciclos vitales. Una parte concluye, permitiendo que comience la siguiente.

919: Tus objetivos personales pueden poner fin a una fase de tu vida e iniciar otra, ilustrando cómo cada uno desempeña diferentes papeles a lo largo de los ciclos de la vida.

929: Mantener el equilibrio en tiempos de cambio te ayuda a asegurar finales y comienzos sin problemas. Este número enfatiza la importancia de mantener la calma cuando las cosas están cambiando.

939: Ser independiente puede brillar cuando concluyes un capítulo y empiezas de nuevo. El número 939 destaca el hecho de hacerte cargo de tus propios cambios.

949: Los finales enraizados y los nuevos comienzos subrayan la importancia de lo que has aprendido mientras concluyes una parte de tu vida y te embarcas en otra.

959: La exploración puede marcar el final de una fase y el comienzo de algo nuevo. Las aventuras pueden significar la conclusión y el comienzo de diferentes etapas.

969: Los esfuerzos en equipo pueden llegar a su fin, dejando espacio para nuevas colaboraciones y experiencias compartidas en el futuro. Muéstrate abierto a colaborar con los demás.

979: Estás en la cúspide de la grandeza en tu vida espiritual. Continúa en tu camino actual y alcanzarás mayores alturas, impactando positivamente en todos los aspectos de tu vida.

989: Permite que todo lo que necesite llegar a su fin lo haga, permitiéndote experimentar abundancia y crecimiento en todas las áreas de tu vida.

Patrones no convencionales

Los números angélicos se aventuran más allá de lo familiar, profundizando en secuencias únicas que, aunque aparentemente aleatorias, conllevan mensajes significativos cuando se descifran. Estos patrones poco convencionales pueden ofrecerle una guía a medida, instándole a una introspección más profunda para comprender su significado completo.

Secuencias como 1234 o 4321 destacan la progresión y regresión de la vida a través de varias etapas, encarnando el estímulo del universo para que persevere y confíe en la fluidez del viaje de la vida. Del mismo modo, repeticiones extendidas como 4444 u 8888 intensifican la esencia de sus dígitos individuales, sirviendo de megáfono cósmico para captar su atención hacia algo crucial en su vida.

La interpretación de estos números atípicos depende en gran medida de la intuición personal y de las circunstancias actuales. Aunque los significados ampliamente aceptados proporcionan un punto de partida, el contexto único de su vida y las emociones ligadas a estos avistamientos son primordiales. Estos números le invitan a mirar hacia dentro, en busca de una comprensión más profunda.

La aparición de patrones numéricos peculiares no debe considerarse una mera coincidencia. El universo emplea estos códigos numéricos como medio de comunicación, instándole a prestar atención y a reflexionar detenidamente. Si acepta los mensajes ocultos en estas secuencias inusuales, es posible que descubra una guía y una visión profundas.

Cuando encuentre estos extraños números angélicos, considérelos una invitación a explorar los canales menos convencionales a través de los cuales se comunica el reino espiritual. Reconocer e interpretar estos mensajes puede iluminarle en su viaje, revelando las formas matizadas y multifacéticas en las que el universo le guía y le apoya.

Anexo 2. El arcángel Miguel

El arcángel Miguel, cuyo nombre significa "Quién como Dios", es uno de los seres celestiales más venerados y reconocidos en diversas tradiciones religiosas y espirituales. A lo largo de las Escrituras, Miguel aparece como un poderoso defensor y protector del pueblo de Dios, liderando las huestes celestiales en la lucha contra las fuerzas del mal.

En el Antiguo Testamento, Miguel es mencionado en el libro de Daniel como el "gran príncipe" que defiende a Israel (Daniel 10:21; 12:1). En este libro, se le describe como un guerrero celestial que lucha contra los poderes malignos y protege al pueblo de Dios en tiempos de angustia. También se le atribuye la tarea de ser el guardián del pueblo elegido y de interceder por ellos ante el trono de Dios.

En el Nuevo Testamento, en el libro de Apocalipsis, Miguel aparece nuevamente como el líder de los ejércitos celestiales en la batalla contra Satanás y sus ángeles rebeldes (Apocalipsis 12:7-9). En esta épica lucha, Miguel y sus ángeles triunfan sobre las fuerzas del mal, expulsándolas del cielo y estableciendo la victoria de Dios.

Desde una perspectiva esotérica, el arcángel Miguel es considerado uno de los seres de luz más poderosos y elevados. Se le asocia con el elemento fuego y con el color azul, que representa la verdad, la protección y la justicia divina. Miguel es el regente del cuarto rayo, el rayo de la armonía a través del conflicto, y su energía está relacionada con la valentía, la determinación y la capacidad de superar los obstáculos.

En la tradición esotérica, Miguel es invocado para obtener protección contra las influencias negativas, tanto en el plano físico como en el espiritual. Se le considera un poderoso aliado en la lucha contra el miedo, la duda y la negatividad, ayudando a los individuos a fortalecer su fe, su valor y su conexión con lo divino.

Además, Miguel es asociado con la justicia divina y el equilibrio cósmico. Se le atribuye la tarea de pesar las almas en la balanza de la justicia durante el juicio final, asegurando que cada individuo reciba lo que ha sembrado en su vida terrenal. En este sentido, Miguel nos recuerda la importancia de vivir con integridad, honestidad y rectitud, cultivando una conexión profunda con nuestro ser superior y con la voluntad divina.

El arcángel Miguel representa la valentía, la protección y la justicia divina. Su presencia en las Escrituras y en las tradiciones esotéricas nos recuerda que siempre estamos acompañados y protegidos por las fuerzas del bien, y que podemos invocar su ayuda en momentos de necesidad. Al conectarnos con la energía de Miguel, nos unimos a la eterna lucha entre la luz y la oscuridad, reafirmando nuestro compromiso con el camino de la verdad, la justicia y la evolución espiritual.

Para aquellos que buscan establecer una conexión con el arcángel Miguel, buscando su protección y guía, esta sección les proporcionará métodos efectivos para invocar su presencia. Considerado como el protector celestial y guerrero, el arcángel Miguel se muestra siempre dispuesto a brindar su apoyo a quienes lo invocan con genuina sinceridad. A través de técnicas como la meditación, la afirmación y la visualización, es posible forjar un vínculo profundo con esta figura espiritual, permitiendo que su influencia transformadora actúe en nuestras vidas.

La meditación se destaca como una de las prácticas más poderosas para conectarse con el arcángel Miguel. En un lugar tranquilo, donde uno pueda relajarse sin interrupciones, se sugiere cerrar los ojos y concentrarse en la respiración, facilitando así el aquietamiento de la mente. Imagínese rodeado de una luz azul brillante, símbolo de paz y protección. Visualice al arcángel Miguel a su lado, empuñando una espada resplandeciente y un escudo, elementos que refuerzan su papel de protector. La invocación de su nombre y la petición de su guía a través de mantras como "Arcángel Miguel, invoco tu protección y guía divina" puede intensificar la conexión y la sensación de seguridad.

Las afirmaciones constituyen otra herramienta valiosa, permitiendo atraer la energía del arcángel Miguel mediante declaraciones positivas que refuercen la creencia en su presencia protectora y guía. Frases como "Soy merecedor de la protección y guía del arcángel Miguel" sirven para afirmar la disponibilidad de su apoyo en nuestra vida cotidiana.

La visualización, por otro lado, ofrece un camino poderoso para conectar más íntimamente con Miguel, imaginándolo como una presencia imponente y protectora, cuya energía envuelve al individuo en un aura de seguridad. Este ejercicio puede incluir visualizar al arcángel liberando al individuo de ataduras y miedos, fortaleciendo así la confianza y el valor frente a los desafíos.

Para quienes sienten afinidad por las cartas de ángeles, estas pueden servir como medio para recibir mensajes y orientación de Miguel. Manteniendo la intención de conexión durante la selección de una carta, se puede solicitar su protección y sabiduría, obteniendo así consejos y perspectivas de gran valor.

Un ritual dedicado a Miguel también puede marcar una experiencia transformadora. La preparación de un altar con elementos de significado personal, como velas azules o cuarzos blancos, y la realización de oraciones o invocaciones, crean un espacio sagrado de encuentro con el arcángel, propiciando un ambiente de gratitud y petición de guía.

La actitud con la que se aborde cualquiera de estas técnicas es crucial, siendo indispensable una disposición abierta y receptiva hacia la energía de Miguel. La confianza en su protección constante, junto con la paciencia y perseverancia en la práctica, son fundamentales para experimentar el impacto transformador de su presencia.

Incorporar la energía del arcángel Miguel en la vida diaria promete una fortaleza, claridad y seguridad renovadas. Su guía es un faro que ilumina el camino a seguir, ayudando a superar obstáculos y a tomar decisiones alineadas con el propósito superior de cada uno. Tal como lo atestigua la cita del profeta Daniel, Miguel ha sido un guardián y protector a lo largo de la historia, ofreciendo su fuerza y protección en momentos de necesidad.

Para aquellos interesados en profundizar su conexión con el arcángel Miguel, se ofrece una meditación guiada accesible a través del siguiente enlace:

https://bit.ly/arcmiguel

Esta práctica es recomendable en momentos de incertidumbre, ansiedad, o cuando se busque invocar su protección de manera consciente, asegurando que el arcángel Miguel estará siempre dispuesto a escuchar y ofrecer su amparo.

Epílogo

A lo largo de este libro, hemos explorado las diversas formas en que nuestros Ángeles Guardianes, Arcángeles y Guías Espirituales se comunican con nosotros. Desde las señales sutiles hasta los mensajes más directos, hemos visto cómo estos seres amorosos están siempre presentes en nuestras vidas, guiándonos y protegiéndonos en cada paso del camino.

Hemos aprendido sobre el poder de la meditación y la visualización para conectarnos con nuestros guardianes celestiales, así como la importancia de prestar atención a las sincronicidades y "coincidencias" significativas que se presentan en nuestras vidas. También hemos explorado el fascinante mundo de la numerología angelical y cómo los números pueden servir como mensajes poderosos de nuestros ángeles.

Sin embargo, en esencia, comunicarnos con nuestros ángeles se reduce a un simple acto: escuchar. Al hacer preguntas mentalmente a nuestros ángeles y abrir nuestros corazones a sus respuestas, podemos establecer un diálogo continuo con estos seres amorosos. Ya sea que recibamos las respuestas a través de pensamientos, sentimientos, señales o sincronicidades, podemos confiar en que la guía que necesitamos siempre se nos dará.

No obstante, es crucial recordar que las respuestas de nuestros ángeles siempre se presentarán en forma de guía, no como instrucciones directas o mandatos. Si alguna vez te encuentras recibiendo mensajes que parecen dictarte acciones específicas o tomar decisiones por ti, es importante ser cauteloso. Estos mensajes pueden estar influenciados por tus propios sesgos cognitivos, entusiasmo, desesperación u otras energías que no provienen realmente de la sabiduría divina del universo.

Los verdaderos mensajes angelicales siempre respetarán tu libre albedrío y te ofrecerán pistas y orientación, pero la decisión final siempre será tuya. Tus ángeles confían en tu capacidad para tomar las mejores decisiones para tu vida y crecimiento, y su papel es apoyarte y guiarte en ese proceso, no controlarte o decidir por ti.

A medida que continúas cultivando tu relación con tus Ángeles Guardianes, Arcángeles y Guías Espirituales, recuerda mantener un equilibrio entre la receptividad a su guía y la confianza en tu propia sabiduría interior. Permítete ser guiado por su amor y sabiduría, pero también reconoce tu propio poder y responsabilidad en la creación de tu realidad.

Querido lector, espero que las enseñanzas y prácticas compartidas en este libro te hayan inspirado a profundizar tu conexión con tus guardianes celestiales. Recuerda que ellos están siempre a tu lado, listos para ofrecerte su amor, protección y guía. A medida que aprendes a escuchar y confiar en su presencia, descubrirás que la vida está llena de milagros y posibilidades infinitas.

Confía en el viaje, confía en tus ángeles y, sobre todo, confía en ti mismo. Estás en el camino perfecto para ti, y cada paso que das está siendo guiado y apoyado por el amor incondicional del universo.

Con amor y bendiciones,

Margarita Mística

Otros libros

Neville Goddard:
Haz Tus Deseos Realidad:
El Poder Infinito del YO SOY

William Walker Atkinson
MAGIA MENTAL EL SECRETO DEL ÉXITO: El Poder De La Sugestión Y La Ley De La Atracción

El Nuevo Juego de la Vida y Cómo Jugarlo:
Obras Completas de Florence Scovel Shinn Actualizadas para el Siglo XXI

Neville Goddard
SENTIR ES EL SECRETO DEL YO SOY: Incluye la obra Sentir es El Secreto y diez de las mejores conferencias de Neville Goddard actualizadas

Alan Watts
La Era de la Ansiedad
Sabiduría para asumir la inseguridad como camino hacia la paz interior.

Neville Goddard:
La Biblia: El Manual Secreto del "Yo Soy"
Simbología De La Biblia Revelada Como Un Poderoso Manual De Psicología.

www.ingramcontent.com/pod-product-compliance
Lightning Source LLC
Chambersburg PA
CBHW060517100426
42743CB00009B/1353